JN036370

人生好転 稼ぐ ノート術

一華五葉

はじめに

みなさん
ごきげんよう。

私は20年前、劇的に人生を変えた経験があります。

それはある女性経営者とのたった5分の立ち話でした。この5分の立ち話から私は大きく人生を好転させることになりました。

彼女は、人生を好転させるには何をすればいいのかを、誰にでも分かる簡単な言葉で伝えてくださり、今すぐに、何があってもなくても、この瞬間から人生を変え、豊かさにつながる方法を伝えてくれました。

その中の一つが、脳の仕組みと心理学を使った、誰もが必ず人生を変えられるこの「稼ぐノート術」です。

私が20年間取り組み続け、多くの人が共に取り組み、次から次へと思うがままの人生へとシフトしていった、珠玉のメソッドです。

諦めていた人生に「できるかもしれない」という希望をもたらし、共にノート術に取り組んだ仲間のピンチを何度もチャンスに変え、多くの人に成功体験を起こしています。その体験を基にした「稼ぐノート術」を世の中に出すことができて感無量です。

この本を手にしてくださったみなさん。この一冊は、自分が幸せになると決め、一生懸命に頑張ってこられた結果あなたの手元に届いています。20年前の私のようにこのノート術に出合い、「今が一番幸せ」と思わずつぶやくような、最高にHAPPYな人生を、ご自身の手でデザインして創り上げていかれると信じています。

紙とペンとあなたがいれば願いは叶う！

それをぜひ実感してください。

Contents

第6章 ノート術にプラスして実現力アップ！……119

第1章

ノート術が生まれるまで

【解説動画】

▼

〈PW：1111〉

頑張って、頑張って
それでも結果が出なかった

ノート術の具体的なやり方を説明する前に、なぜこのメソッドが誕生したかをお話ししたいと思います。

私は20代の半ばから占星術の勉強をして、企業の経営者や政治家の運命鑑定、売り上げを作る人の育成と教育、コンサルタントの仕事をしていました。

当初は仕事がなかなかうまくいかず、頑張っても頑張っても空回り。なかなか結果が出ずに、人を育てる能力がないのだろうか……と落ち込むことも多くありました。

とにかく私は自分に自信がなくオドオドした人間で、当時はお客さんとしてお店に行ってもペコペコし、文句を言われたりしていました。
そのうえ娘達を連れて離婚し、母子家庭で将来への不安と責任を抱えて生きていました。自分が仕事をなんとかしなければ、もっと頑張らなければ、という思いばかりが募っていき、「私が死んでしまったらこの子達はどうなるのだろう」と、起きてほしくない現実ばかりを思い描いていました。

今から20年以上前の私は、自分で言うのもなんですが、すごく頑張っていたと思います。

でも精一杯頑張っているのに、結果が出せず、うまくいかない。だからいつも自分にダメ出しばかりしていて「私にはできないんだ、仕方ない」と思い込んでいたのでした。

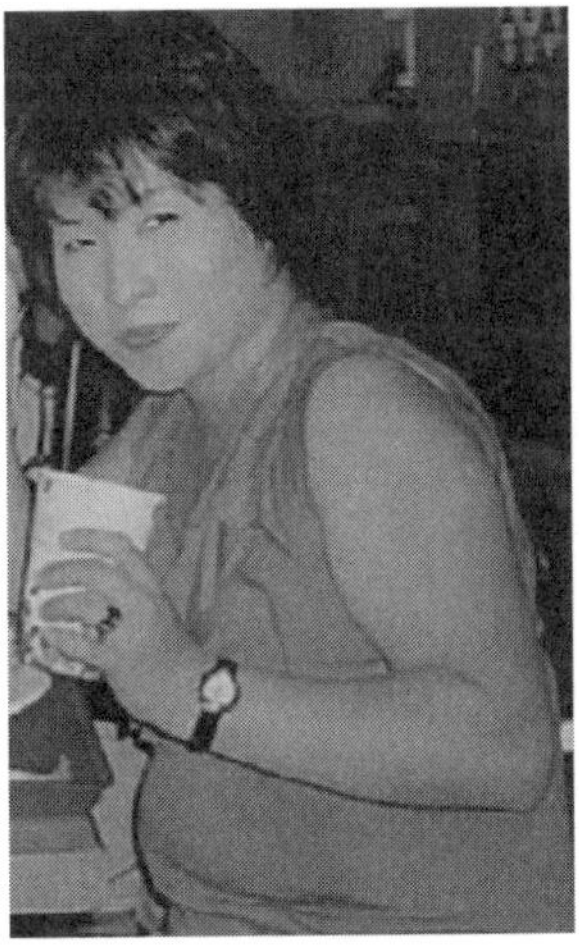
オレンジ色の服を着た20年前の私。
通称「オレンジの人」

ある女性経営者との出会いで人生が激変

下の娘が3歳の頃、苦しい状況を変えたくて、娘を連れて吉方位の神社仏閣を訪ねたり、勉強会や講演会に参加していました。

その努力が実ったのか、数え切れないほど行った講演会の一つで、人生が一変する出会いを経験したのです。

その方は講演会で私の斜め前の席に座っていました。イヤリングがとてもキレイだったので、「ステキなイヤリングですね」と声をかけたら、振り返ったその人は私でも知っている有名な経営者でビックリ！　胸が高鳴ったのを覚えています。

講演が終わって席を立ち、出口に向かおうとしたら、ちょうど出口付近でその方と目が合いました。私は一言「気をつけてお帰りくださいね」と声をかけると、彼女は不思議そうな顔で私をじっと見て、「あなた、何か私に聞きたいことあるの？」と話しかけてくださいました。

当時の私は仕事がうまくいかずに悩んでおり、相手は仕事で大成功している方だったので、「どうしたら仕事がうまくいきますか」とお聞きすると、

「鏡で自分の顔を見なさい」

と言っていただきました。きつそうに聞こえるかもしれませんが、私は、「そんな顔をしていたらあなたの望む未来は来ないよ」と彼女に教えてもらったのです。もっと頑張らなければと必死の形相をして、自分の望む幸せや成功を遠ざけていることに初めて気づかされた瞬間でした。

時間にしたら、たった5分の立ち話でした。そして続けて、

「好きな服を着て、笑顔で人に会いに行ってごらん」

と言っていただきました。その日から私に起きたことは、すぐには信じてもらえないかもしれません。

3カ月で20キロ痩せて、半年で収入が約3倍になったのです。嘘のような話で、その時点では、私自身なぜそんな奇跡のようなことが起きたのか全く分かりませんでした。

20キロ痩せた私

今、振り返ってみると、あの時まで「私はこんなものだから」と自分の限界を自分で決めていました。

有名な飛べないノミの話があります。飛んでいるノミにフタをすると、飛んでもフタに跳ね返される。それを繰り返しているうちに、フタを外しても同じ高さまでしか飛べなくなってしまうという現象です。まさに私はこの飛べないノミでした。

そこに、私より若くて成功している彼女が現れたため、私も飛べるかもしれないと思い、希望を持ったのです。

飛べないノミだった私にどうしてこんな変化が起こったのか分かりませんでしたが、人生は劇的に好転していきました。彼女にお礼を伝えたいと思っていたところ、新神戸にいらっしゃるという情報を聞きつけ向かいました。

会えるかどうかは分からないまま、とにかくホテルに行ったら、偶然再会できたのです。しかもトイレでばったりと。

すかさずお礼を書いた手紙を渡し、「人生が変わりました。ありがとうございます」と感謝を伝えたら、お茶に誘ってくださいました。その時彼女は、「あなたは人の言うことを聞いて真面目にコツコツ努力していれば成功すると思っていたでしょう。でも違うの。**自分の人生を決められる人が、人生成功するの**よ」とおっしゃられました。

そして、「あなたはどうなりたいの？　どんな自分になれば幸せなの？」と聞かれ、私は娘の病気が良くなってほしいと答えました。彼女は「それは大変だよね。でもそれは娘さんのことだよね。あなたはどうなりたいの？　夢は何なの」とおっしゃいました。私は会社の売り上げ目標のことを言いました。「それは会社の目標だよね」と言われ、それ以上何も答えられませんでした。

そんな私を見て彼女は、大人になると「夢は何？」と聞かれることがなくなるので、自分で自分の気持ちを聞いてあげる習慣が必要なのだとおっしゃいました。

そして、**「雑誌を7冊買ってきてごらん」**と。

雑誌を見ながら、何が好きで何が嫌いか？　何が良くて何が悪いのか？　を自分に聞き、好きだと思うものを切り抜いて、起きてすぐに目につくところに貼っておく。その時、条件はつけない。例えば、好きだけど「高そう」「今の私には似合わない」「もっと若かったら」など、そういうことを思わなくていいから、好きなものを全部、起きてすぐ見えるところに貼っておくといいと言われました。

私は言われた通りにしばらくの間、貼っておいたのですが、そのうち茶封筒に入れて忘れていました。

3年後の大掃除の時に、ふとその封筒の中身を見ると、驚いたことに、自分が持っているものばかり。切り抜いた写真と私の持ち物を見比べてびっくりしました。

この時、私は感動し、思ったのです。
「脳って、見たままを叶えるんだ！」

欲しいものの写真を貼っていたら……手に入っていた！

◀壁に貼ったりスクラップしていたもの

▶数年後、同じものを手に入れていました

17年かけて「稼ぐノート術」というメソッドに

私が半年という短期間に劇的な変化を遂げたことに、数人が興味を持ってくれました。突然スリムになって、仕事もどんどん軌道に乗り出したら、秘訣を知りたくなるのは当然ですよね。

「一体どうしたの？」「何があったの？」と聞かれるようになったので、願いが叶った「アルバム術」の話をしたのです。最初はメソッドを伝授するというような大げさなものではなくて、「一緒にやっていこう」という感じでスタートしたのですが、驚いたことに、今度はその人たちが変化していったのです。

みるみる売り上げが伸びて、結果的には10年以上にわたって年収1000万円をキープする人が出てきました。

自分だけではなく、みなさんと一緒にアルバム術をやりながら試行錯誤していろいろなことが分かりました。願望実現のために重要なことは、

- **自分を知る**
- **信じたことが現実になる**
- **脳は見たままを叶える**

だと気づいたのです。

自分のことや、自分が何を望んでいるかは知っている、と思われるかもしれませんが、意外に分かっているようで分かっていないものです。

アルバム術から始まって、2020年に「稼ぐノート術」として講座を開くまで、体当たりで実践して17年の歳月がかかりました。その間、私のようにノート術で人生を劇的に変えていく人や、生きやすくなった人が続出していきました。

このノート術は人生を自分の手で創り上げていく、すごいメソッドなのだと確信し、自信を持ってみなさんにお伝えしています。

書くことでとことん自分を知る！

女性経営者とは頻繁にお会いしていたわけではなく、会えそうな場所に出向いていって会釈だけして帰ることもありました。私にとっては少し会うだけでもパワーをもらえる存在だったのです。そんなカリスマ的存在の彼女のお話を聞く貴重な機会があり、その時伝授してもらったメソッドがあります。

それは彼女が小さな頃からお父様に課せられていた方法で、400字詰め原稿用紙2枚に「今日の出来事と、それをどう感じ、どうするか」を書き、お父様に発表するということでした。ずっと続けたことで、自分のことを人に分かりやすく伝える訓練ができたそうです。

彼女はこのお父様からの教えで、「自分が何を思い、どう感じているかを知り、それを相手に的確に伝えることが大事だ」と、そして「自分を知ることが成功への一番の近道よ」と教えてくださいました。

そこで私も、ノートに自分が何を思っているのか書き出してみることにしました。

また、彼女に、思いついたことを何でも録音して、寝る前によく聴くようにするといいと言われました。録音はあとで聞き返すことが大事で、自分の声は一番慣れ親しんでいるから潜在意識に入るのだ、とも。そこで私は、

- 願望をイメージできる写真をスクラップしたアルバムを作り、見返す
- 願望をノートに書き、読み返す
- 願望を口に出して録音し、聞き返す

を習慣にしました。
やっていくうちに分かってきた意識すべきポイントがあります。

- 願うだけでなく行動することで実現する
- 願望はできるだけ簡単にシンプルに考える
- 願望が叶い、夢が実現できている自分だと思って日々を過ごす

後の章で詳しくご説明します。

〝願望実現〟の技術にはタイプがあった！

「アルバム術」のやり方を伝えても、大きく変化する人と、変化が起きづらい人がいました。

メソッドを知っただけで実際にやらない人は別として、やっているのに叶わないのはなぜなのか。試行錯誤している時に、方法論の問題ではなく、タイプの違いがあるのではないか？　「脳は見たままを叶える」と私は思っていたけれど、脳が現実化するのは必ずしも「見たもの」に限らないのではないか、他にも方法があるのではと気づいたのです。

人には「見る」「聞く」「体感する」の感覚タイプがあって、混ざってはいますが、優位な感覚タイプを知ると、その人の特徴が分かるため、理解度が上がり、人間関係が円滑になりやすいです。また、感覚タイプを生かしたイメージ方法を取り入れたら、今まで変化が起きなかった人にも劇的な効果がありました。

願望実現の方法にタイプがあることを知って、得意な方法を使えば効果がアップすると分かった私は感覚優位を利用して、「視覚」「聴覚」「身体感覚」に合ったアプローチ法を実践していきました。すると、今まで効果の出なかった人にも何かしらの結果が出るようになりました。

年収1500万円の仕事を捨て、フリーランスに転身

女性経営者に出会って、年収が3倍になりノート術でどんどん願望が叶って、仕事もうまくいっていたのですが、突然思いついたように、私はノートにこう書きました。

「私は年収1億円稼げる。年収1億に値する人間だ」

その日は突然やってきました。「自分の力一本でお金を稼げるようになったらどんなにいいだろう」と思いついたのです。会社や上司に自分のやることや価値を決め

られるのではなく、自分で自分の決めた自分の方法で仕事ができたらどんなにいいだろう。そしてこのメソッドを生かして、自分の人生を自分で決めて幸せになる人を見続けたい！　と思いました。でも当時はフリーランスになるなんて思ってもいませんでした。

それまでの仕事はあくまでも裏方だったので、独立したからといってこれまでの人脈を使うわけにはいかない、パソコンもろくにできない。言ってみればゼロからスタートしなければならない状態です。15年以上も安定して稼いだ仕事を捨て、ゼロからスタートするのは正直怖かったです。子供の大学受験が近づいていることなど、何かと理由をつけ2年間ほど悩み続けました。

それでも最終的には「人生を変えたい」という気持ちが勝り、すべてをリセットする覚悟を決め、バンジージャンプをするような気持ちでフリーランスになりました。

会社を辞めたいとも思っていなかったし、仕事にも満足していたのに、この突然のイメージが生じてから、状況がどんどんイメージした方向に向かっていき、会社を辞めることになりました。これは自分の行き先を自分で決めたからなのだと、今なら言い切れます。

こうして２０２０年にフリーランスとなり、「一華五葉」として活動をスタートしました。名前は「一華五葉を開く」から取りました。これは禅の創始者・達磨大師が書いた詩の一節で、もともと持っている仏心、悟りに気づけば、５枚の花びらが開き、成就するという意味の言葉です。みなさんがご自身の力で、ご自身の特技や持ち味を生かして、ご自身の人生を創造するサポートをし続けると、自分の決意を名前にしました。

みなさんの人生好転のお手伝いをするという仕事を続けることで、私自身成長しチャレンジし続けられています。人脈も仕事もゼロから一を描いたイメージ通り、大好きな仕事で年収1億円を稼げるようになりました。
私自身がこのノート術に確信と自信を持つことができましたし、言ってみれば私自身が、「ノート術を続ければ夢が叶う」というモデルケースというわけです。

今ではノート術を含め、人生好転の技術を一人でも多くの方に実践していただきたいと思い、毎日朝7時にYouTubeで朝活動画を配信しているほか、お金に関する内容に特化した「お金の学校」や、全国で開催する講演会などを通じて、ノート術やその他のメソッドをみなさんにお伝えしています。ノート術に関しては、直接カウンセリングできる講師の養成も始めました。

書くことで人生が動きはじめると、みなさんの表情が輝き出します。ノート術を通して一人でも多くの方が、最高にハッピーな人生を送れますように!!

第2章

ノート術で人生をデザインしよう！

【解説動画】
▼

〈PW：1111〉

まず現在地と目的地を設定する

いよいよノート術について具体的に説明していきます。
まずはノートを書く目的について、明確にしておきましょう。

「稼ぐノート術」の基本は、自分の「現在地」と「目的地」を設定することです。「現在地」とは自分の現状で、「目的地」はどうなりたいか、ということです。ボンヤリと把握するのではなく、両方ともはっきりさせる必要があります。

そのためには、「目的地」に具体的な数字を盛り込みましょう。

「○○までに」「○○個を販売」「○○人とつながる」「売り上げ○○万円」とはっきり数字にすることで、どのくらいの期間で願望を叶えたいのか、希望の金額までにあといくら必要なのか、自ずと明確になります。

脳には期日を設定すると、その期日に間に合わせようとする性質があります。課題や仕事になかなか手が付けられず、間に合わないんじゃないかと不安になっても、締め切りがせまったら集中して取り組みなんとか完成させられた、という経験は誰

期限と心理的限界
願いに期限をつけると爆発的な力を発揮するその原理について
例えば！
10分後に町内会長さんが来るとします
玄関くらいそうじしよかな…
10分後に憧れの彼が来るとします
ばばばばば
それが本当に望んでいる願いならば
人は心理的限界を越えていく
はー
はー

にでもあるのではないでしょうか。

期限や個数を決めることで、脳に数字が刻まれ、その数字に近づこうとします。

また、数字を書こうとした時に分かることがあるからです。

例えば、まだ決めてはいないが、書こうとしたらポッと頭に100万円と数字が浮かんできたりします。その時に初めて自分の願望は月収100万円なのだと気づくこともあります
しばらくしてやっぱり無理かもしれないと思ったら、30万円にしてもいいですが、そもそも浮かんできたということは、100万円は叶う金額です。だから、100万円を心に留めておいてみてください。そして、もう一度自分に問いかけてください。その時、本当にやりたいと思ったらぜひ目指してください。

「目的地」に数字を設定しておけば、願望が叶ったか叶わなかったか、結果も明確です。

「人に好かれる自分になりたい」より「ＳＮＳで○○人とつながる」と設定するほうが、脳にとっても分かりやすくなります。

数字とお金は相性がいいので、ぜひ両方とも味方につけましょう。第３章では「お金との関係」について、もう少し詳しく説明したいと思います。

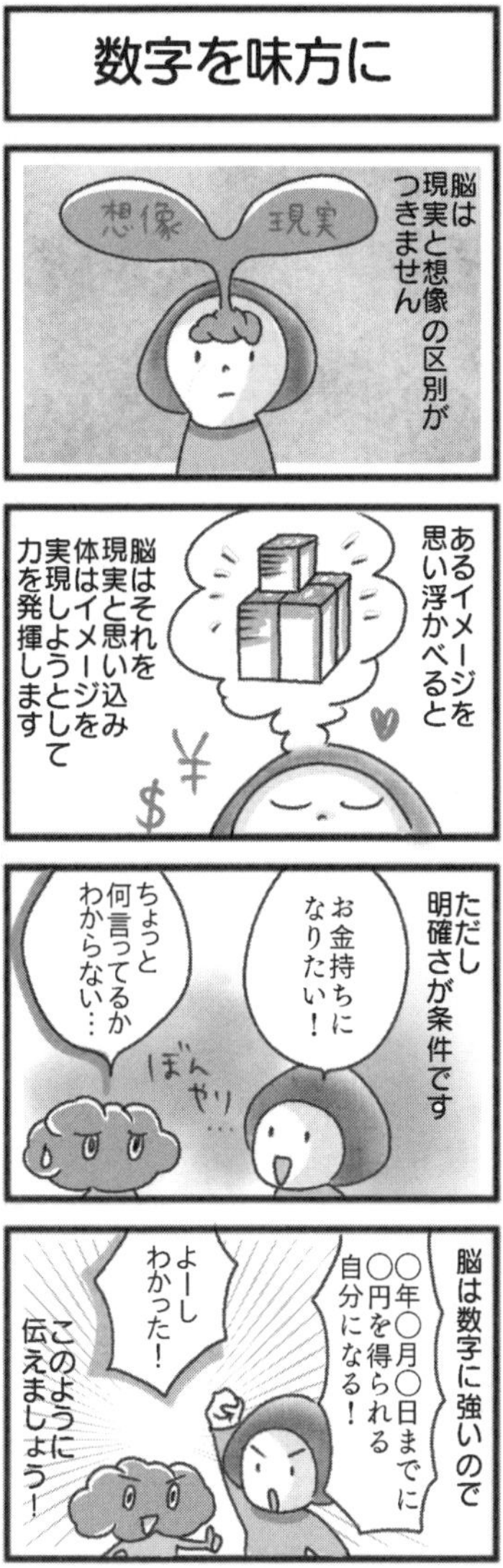
数字を味方に
脳は現実と想像の区別がつきません
想像
現実
あるイメージを思い浮かべると
脳はそれを現実と思い込み体はイメージを実現しようとして力を発揮します
ただし明確さが条件です
お金持ちになりたい！
ぼんやり…
ちょっと何言ってるかわからない…
脳は数字に強いので
○年○月○日までに○○円を得られる自分になる！
よーしわかった！
このように伝えましょう！

何を思うか、何を意識するかで人生は変わる！

私は女性経営者に「人生を自分で決める人が成功する」と言われました。世の中の成功者はみな、自分の人生を自分で決められる人達です。これは人生の大原則で、ノート術を通して、人生のシナリオを創っていきます。

みなさん最初は驚かれるのですが、自分の人生というのは、もれなく全員１００％が思ったことを叶えています。

例えば稼げないと思っている人は、稼げないことが叶っている。いい人に会えないと思っている人は、そのことが叶っているのです。何を思うか、何をイメージするかは、あなたに任されています。

「何をどうしたいのか」が明確になると、自分の人生をデザインすることができ、デザインした通りの現実がやってくるのです。

願望実現のコツ
幸せなお金持ちになりたい！
と思っている人
ハーイ！
それはどんな状態か、具体的なイメージが必要です
えっ
例えば夢が叶った時
隣には誰がいてあなたはどんなことを話していますか？
着ているドレスの色や質感はどんなもの？そしてどんな気持ち？
骨組みだけでなくしっかり肉付けをして
色がつくくらいのイメージをすることが
願望実現のコツ！

私も昔はどういうなりたいかというイメージがなく、自分の願望を聞かれても、会社の売り上げや娘のアトピーが早く治るようにとしか思い浮かびませんでした。でもそれは会社の目標であり、娘の問題であって、自分がどうなりたいかではなかったのです。

それなのに、起こってほしくない未来だけは、やけに明確に想像していて、高額の生命保険をかけて子供に不自由はさせたくないと思って行動していました。

女性経営者から「あなたはどうなりたいの」と聞かれましたが、最初はなりたいイメージが全く分かりませんでした。

「お金持ちになりたい」と書いてみても、お金持ちという状態をどうイメージしたらいいのか分からない。お金が入ってきた時に自分が何に使いたいのか、どうしたらいいのかも全く分かりませんでした。

「現在地」というのは、「自分のイメージした現実」です。思っていることが現実になっているので、ボンヤリした未来を思い描いてしまうと、ボンヤリした現実しかやってこないという結果になる。振り返れば、まさに私もこの状態でした。

「幸せ」「お金持ち」と一言で言っても、100人いたら100通りの幸せがありますし、お金の稼ぎ方、使い道も人それぞれです。だからこそノートで自分の幸せ、理想を知り、自分の気持ちや本当の願いに気づくことが大切になってきます。

自分の人生の脚本を書く

「100グラム1000円の肉」と聞いて、あなたは高いと思いましたか？　それとも安いと思いましたか？　おそらく人それぞれ答えが違うはずです。

実はこの質問は、「国産牛なら安い」「名古屋コーチンなら安い」「海外産にしては高い」など、それぞれの価値観によって、お肉のイメージも値段の印象も幾通りにもなるのです。

同じ1000円でも、同じ100グラムの肉でも、人によって、物によって、ブランドへのイメージによって、感じる価値はまったく違ってくる。あなたが「当たり前」と思っていることは、誰にとっても当たり前ではないのかもしれません。

ノート術の目的は、お肉と同じように自分だけの価値観、判断基準で「どうなれば幸せか？」という目的地を明確にして、設定した幸せに向かって走ることです。

自分がどうなりたいかを知っているのは自分だけ。「幸せ」のイメージ、「願望実現」のシナリオは、人によって違います。あなたの人生のシナリオはあなた自身にしか書けないことを忘れないでください。

あなたが何に心地よさを感じて、どうなっていれば幸せで、何があれば最高にハッピーで、何にお金を払いたいのか、あなた自身がまず知るところからすべてが始まります。

最初は20年前の私と同じように、何のイメージも湧いてこないかもしれません。

そんな時は自分に聞いてください。

①何が好きか　②何が嫌いか
③何をいいと思うのか　④何を悪いと思うのか

まずは毎日これを問いかける。続けてみると、②と④にこそヒントがあると気づきます。自分自身が嫌悪感を持つ〝地雷〟の裏には、自分のポリシー、こうありたいという理想の自分が隠れているものだからです。

人に言われて嫌だったことも、「自分を知る」ための肥やしになります。なぜ嫌だと思ったのか、なぜ不愉快に感じたのかを自分に聞くことができれば、自分が何を良しとしているのかに気づく大きなチャンスになります。

こうやって自分のことを知っていくと、「幸せ」のイメージがどんどんハッキリしてきます。イメージが明確になったら、脳がそれを叶えていきますので、ぜひみなさんそれぞれのオリジナル脚本を書いて、最高に幸せな人生をデザインしていってください！

自分の気持ちを聞く習慣を身につける

ノート術は自分の人生のシナリオを創るものだとお話ししましたが、そのために大切なのは自分に問い続ける習慣です。

子育てをしながら月収１００万円稼ぐという願望を持っている方がいるとします。願望を持っている一方で「私にはできない」「私には無理だ」と思っている。そしたらなぜ無理なのか、なぜできないと思っているのかを掘り下げてみてください。

「年齢？」「性別？」「時間？」「子供？」「ブランクがあるから？」

無理だと思っている理由を明確にした上で、今度は「本当にそれでいいの?」と問いかけます。そして「同じ条件でもできている人はいないのかしら?」と考えてみます。そうすると無理だと思い込んでいるだけかもしれないことに気づきます。そうなればこっちのものです!

そして、

何が幸せ?
何があったら満足?
どうなると心地よくて、最高に幸せ?

と聞いてみてください。

これを繰り返し、自分に問う習慣がつくと、自分の思いグセが分かり、本当の願いをはっきりさせていくことができますよ。

内なる価値を高める

私はよく女性経営者に、「ないものでなく、あるものに目を向けなさい」と言っていただきました。当時の私は仕事がうまくいかなかった時に、「自分には才能も知識も何もない。だからもっと頑張って何かを身につけなくては」と強く思っていました。自分には何もないと思い、常に外側に答えを探していました。自分には何も価値がないと思っているから、不安を感じ、ずっとない状態が続くのです。自分の中にすでにある価値を探してください。みなさんは必ず持っています。

お金を支払うとお金が減ると感じてしまうことがありますが、お金は必ず同じ価値と交換しています。手元には必ず価値が残っています。交換して得た価値があることに気づいて、「ある」「持っている」ことに目を向けてください。

何かを勉強したり習ったりする時は、「何もないから勉強しよう」ではなく、ご自身の特技や好きなことと、**掛け合わせること**を考えてみてください。これを学んだら、自分のここがもっと伸びるのではないか？　自分の中にすでにあるものが増やせることを探してください。自分の中の才能と掛け算するという考えを持つと、可能性が加速度的に広がりますよ！

第3章

ノート術は脳の仕組みに基づいたメソッド

【解説動画】
▼

〈PW：1111〉

手書きで脳を刺激する3つの効果

ノート術を実践する上で、私が大切にしていることは「自筆で書くこと」です。手書きで書くと脳のいろいろな部位の刺激になりますし、「自分の手で一文字一文字書いていくことで叶うスピードが40%アップするよ」と女性経営者に教えていただき、手書きを実践しています。

①アウトプット効果
②可視化効果
③インプット効果

まず書くことのアウトプット効果は、書き出すことで**考えを整理**して自分の今の状態を知ることができます。自分の考えや思いを外に出してみることで、自分の現在地を具体的に知ることができます。

可視化の効果は、自分の気持ちを書き出すことで、**客観的に物事を見る**ことができます。そして、自分の進みたい方向、やりたいこと、叶えたい自分の未来が、どんどん見えてくるのです。

インプット効果は、自分で書いた内容を見て確認することで、自分の目標を忘れないようにすることができ、深く潜在能力に刻み、現実化を早める効果があります。また、ノートに書いたことを見返すことで、潜在意識に強く働きかけ、見える世界が変わり、叶えるためのヒントを得て、自分の行動や考え方を変えるきっかけになっていきます。

書くことが少なくなってきた方も多いと思いますが、3つの効果は強力なので、ぜひ意識して書いてください。

習慣化することの大切さ

女性経営者に「成功できる人とできない人の違いはなんだと思う?」と聞かれました。彼女は、「成功者は簡単で単純なことを継続しているだけ。**成功は習慣だよ。**自分を信じて1%を目指せ」と言われました。1%とは、継続できる人の割合で、成功者の割合と同じだと聞きました。

私が最初にノート術のオンライン講座を開催した時には、3回に分けて、1回目の講座と2回目の講座の間に10日間、2回目と3回目の間にも10日間という時間を設けました。

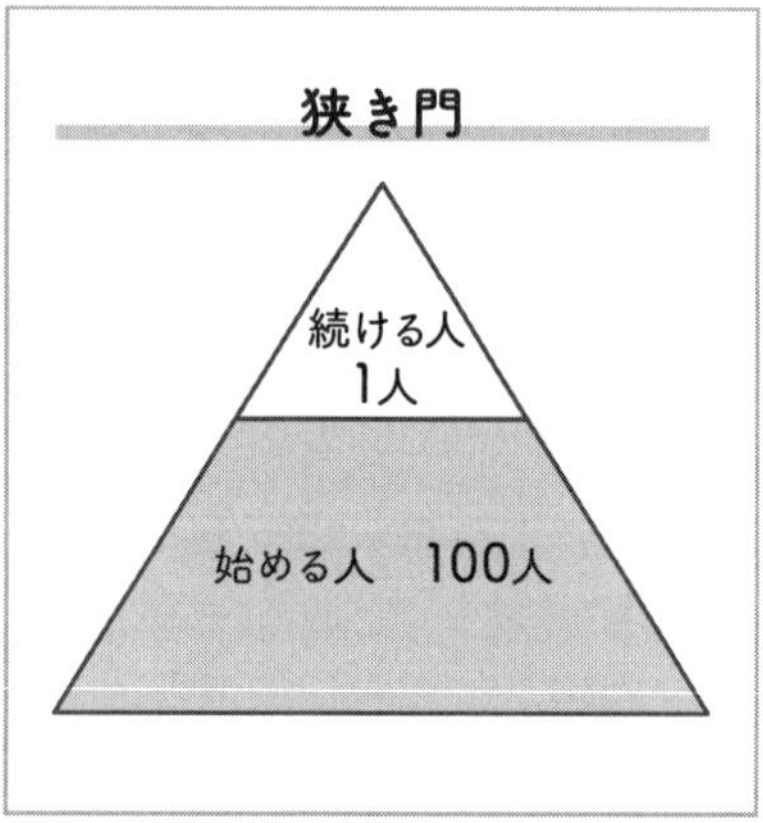

10日間空けた理由は、習慣化させること、定着させるためです。まず自分の気持ちや願望をアウトプットすることに慣れる必要があると思ったこと。次に、一度にたくさんの知識を詰め込むよりも、説明を聞いたら、今度はみなさんがそれぞれ自分で習得する時間を持ったほうが理解も深まると思ったからです。

受講者のみなさんとはSNSでつながることができるようにして、私への質問も随時受け付けていました。

私自身が質問に答えることで新しく気づくことも多く、みなさんには本当に感謝しています。動画を見てくださったり、講演を聞きに来てくださったりするみなさんは、私に多くのことを教えてくれる先生だと思っています。代表的な質問には第5章で解説しています。

いろいろな方法や考え方を学ぶのも大切ですが、「成功は習慣」です。この本を手に取ってくださった方は、自分を信じてやり続けて習慣にし、1%を目指してください。

ノート術でお金に強い自分になる

第2章で、願望はお金のことだけではなく、何でも叶えられるし、叶えたいことはどんどん書けばいいというお話をしました。叶えるコツは、願望に必ず数字を盛り込むことです。ノート術が脳の仕組みに基づいたメソッドで、脳には設定した数字に近づけるという習性があるからです。

ノート術の講座などで「数字を書き込んでください」とお願いすると、数字やお金が苦手だという方がいらっしゃいます。

今でこそ私は、ノート術で目標に期日や数字を入れてくださいとお伝えしていいますが、最初は私も目標に数字を使うことが苦手でした。期日を切って目標を立て、もしできなかったらどうしよう。間に合わなかったり、ダメだったら、また自信を失ってしまうのではないかと感じ、数字の目標をあげることが苦手でした。

女性経営者から「苦手と思っている人に好かれることはない。お金も数字も同じだ。まずは数字に慣れる事が大事、数字を読み上げて」と教えてもらいました。

それから私は、デジタル時計の数字、車のナンバー、クレジットカードの数字、レシートや電柱に書いてある町内の番地まで、数字を意識して読み上げるようにしました。すると、本当に数字を使って目標設定をすることが苦手ではなくなり、目標が達成しやすくなり、自然に苦手意識は解消されていきました。今では数値や期日を決めると叶いやすいので、ワクワクするようになっています。

お金に対していいイメージを持つことがお金に好かれるコツです。女性経営者は、**「お金は愛と感謝でできている」**とも教えてくださいました。自分を幸せに近づけてくれる「親友」や「仲間」だと思って、数字を味方につけてください。

お金や、期日、テストの点数、登録者数、来場者数など目標の数値を明確にすると、願望実現のスピードがアップします。数字を使う理由は、脳が単位だと分かりやすいからです。いつまでに何個、何人、いくら、などを明確にして期日を切れば、脳は間に合わせようとします。願望をよりはっきりイメージすることができれば、脳は叶う道を見せはじめるのです。

バイトや会社員だからと、これ以上収入は上がらないと思ってきた人の中にも、目標の金額をはっきりイメージした途端に、昇進の話が来たケースや、仕事の内容が大きく変わって、最初に設定した年収に近い額を稼げるようになったりすることがあります。それはイメージを明確にできたからです。目標の数値を定めたら、現在置かれている状況はいったん横に置いておいて、本当になりたい状況や、起きてほしい結果に集中してくださいね。

お金と仲良くなる方法
数字が苦手…という人がいます
100,000
×
3/2
÷
数字はつまりお金でもあります
人間でも苦手な人と仲良くできないのと同じように
No!
お金（数字）に苦手意識があると
No!
バイバーイ
お金に伝わってしまいます！
お金（数字）と仲良くなるために
2 8 5 3 7
CARD
車のナンバーやカードの番号など目に入った数字を口にしてみましょう

第4章

稼ぐノート術
実践編

【解説動画】
▼

〈PW：1111〉

使うノートは3冊！

ノート術の誕生と目的を分かっていただけたところで、いよいよノート術の実践的な方法についてお話しします。

私の「稼ぐノート術」ではノートを3冊使います。ノートには目的があります。

メインノート

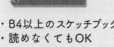

・持ち歩く
・回数書く（最初）

ネガティブノート

・B5以上のリング付き
・破ることあり

潜在意識ノート

・B4以上のスケッチブック
・読めなくてもOK

顕在意識を紙に書き出そう

メインノート

サイズと形：基本的に自由
書く内容：①金額・目標　②方法　③期日　④行動
目　　的：自分の願望をインプットする

まずは自分の思っていることや願望をどんどん書いていく「メインノート」です。
これは自由に好きなノートを選んでください。いつも持ち歩いて、思いついたらどんどん書き込んでほしいので、持ち運びに適したサイズがいいと思います。

自分の気分がアガるようなかわいいノートでもいいし、カフェや電車の中でも開くことを前提にデザイン重視で選んでもかまいません。このノートにはとにかく自分の願望を書きます。

書くことで自分の願いをはっきりさせることが最大の目的で、ポイントは回数を多く書くことです。

真の願いをあぶり出す準備運動。習慣化しよう！

みなさんが自分を知るために、このノート術を習慣化していただきたいと思っています。だからノートをあまり書く習慣がない人でも、すぐに始められて、ずっと続けられるヒントをお伝えしたいと思います。

私は「自分はどうしたいの？」に答えられず、女性経営者に「あなた重症ね」と言われました。本当に自分のことが全く分かっていなかったのでした。その時は、他人が課した目標（子供の病気を治したい、会社の売り上げを伸ばすなど）を自分の目標と勘違いしていました。そして当時の私は、自分に自分の気持ちを聞く習慣が全くなかったことに、気づいていませんでした。

「自分で自分の気持ちを知る」習慣を身につけるために、私が女性経営者から教えてもらった、3つのことをご紹介します。

【女性経営者から提案してもらった、自分を知るための一歩】

1・まずは自分の気持ちを聞くこと。何が好き、嫌い、良い、悪いを聞いてみる。

メインノートに目標を書こうとしたものの、私のように自分の目標が分からない方もいらっしゃると思います。そんな方はぜひこちらから始めてみてください。

「書く」習慣がつくまでは、**場所や時間を決めて書く**といいかもしれません。私は女性経営者から「寝る前に時間を取って書くと効果的だよ」とすすめてもらいました。

最初は時間を決めて取り組んだり、毎日やっていることや、すでに習慣となっていることと合わせるとこれも習慣化しやすいです。

私は書きはじめた頃、「嫌い」を書くことができませんでした。その理由は日々書いていくなかで気づいていきました。当時の私は我慢をしすぎてしまって、「イヤ、嫌い」を感じると苦しくなるため、感情を感じないようにしていることに気がつきました。これが分かると、普段何に我慢していたのかが分かって、自分への理解も深まり、自分でマイナスにとらえていた自分の一面に、メリットがあるのだと分かりました。

続けていくと、だんだん自分の気持ちや本音をとらえやすくなります。また、見返すと自分がどんなことを理想としているのか、傾向がよく分かるようになってきます。

何が好きからは、自分の傾向
何が嫌いからは、自分の本音
何が良いからは、ポリシー
何が悪いからは、信念

が分かります。

「嫌い」「悪い」の感情は、決して良くない感情ではありません。強い感情は、自分のことを知る助けになるため、大切にしてください。例えば、○○さんのあの言動が嫌い、と思った場合は、「どこが嫌いなのか」を考えてみてください。無責任だと思ったなら、あなたは責任感のある人がいいと思っていることになりますし、決断力がないと思うのでしたら、あなたは決断力がある人が良いと思っているのではないでしょうか。

このようにノートを書くことで、自分の理想をはっきりさせて自分が何を叶えたいのかを知れるようになります。

2．イメージを明確にする「雑誌7冊買ってきてごらん」

次に私が女性経営者からおすすめしてもらったのは、好き・理想をはっきりさせるためのトレーニングです。それは先述したように雑誌など7冊ぐらい買ってきて中身を見て、良いと思うもの、ステキと思うものをハサミで切り取り、寝て起きてすぐ目にするところに貼っておき、目指すものや理想を忘れないようにするというものでした。

この時に、これは若すぎるな、これは高いから買えない、など条件をつけず、良いと思うものを選ぶようにと教えていただきました。

3．女性経営者から教わった「アルバム術」

女性経営者から持ち歩けるぐらいの小さなアルバムをいただき、これに叶った自分や理想の自分をイメージできるような写真を貼ってごらんと言ってもらいました。

プリントした写真に日付が入っているように、叶った日付を紙に書き、叶った私の目線で見るかのように写真を貼り、その写真の内容が分かるタイトルと、こんな時に撮った写真だと分かる一言を添えてアルバムを作り、持ち歩いて時々眺めるといいよと教えてもらいました。

女性経営者から教えてもらった自分を知るためのステップで、「重症」と言

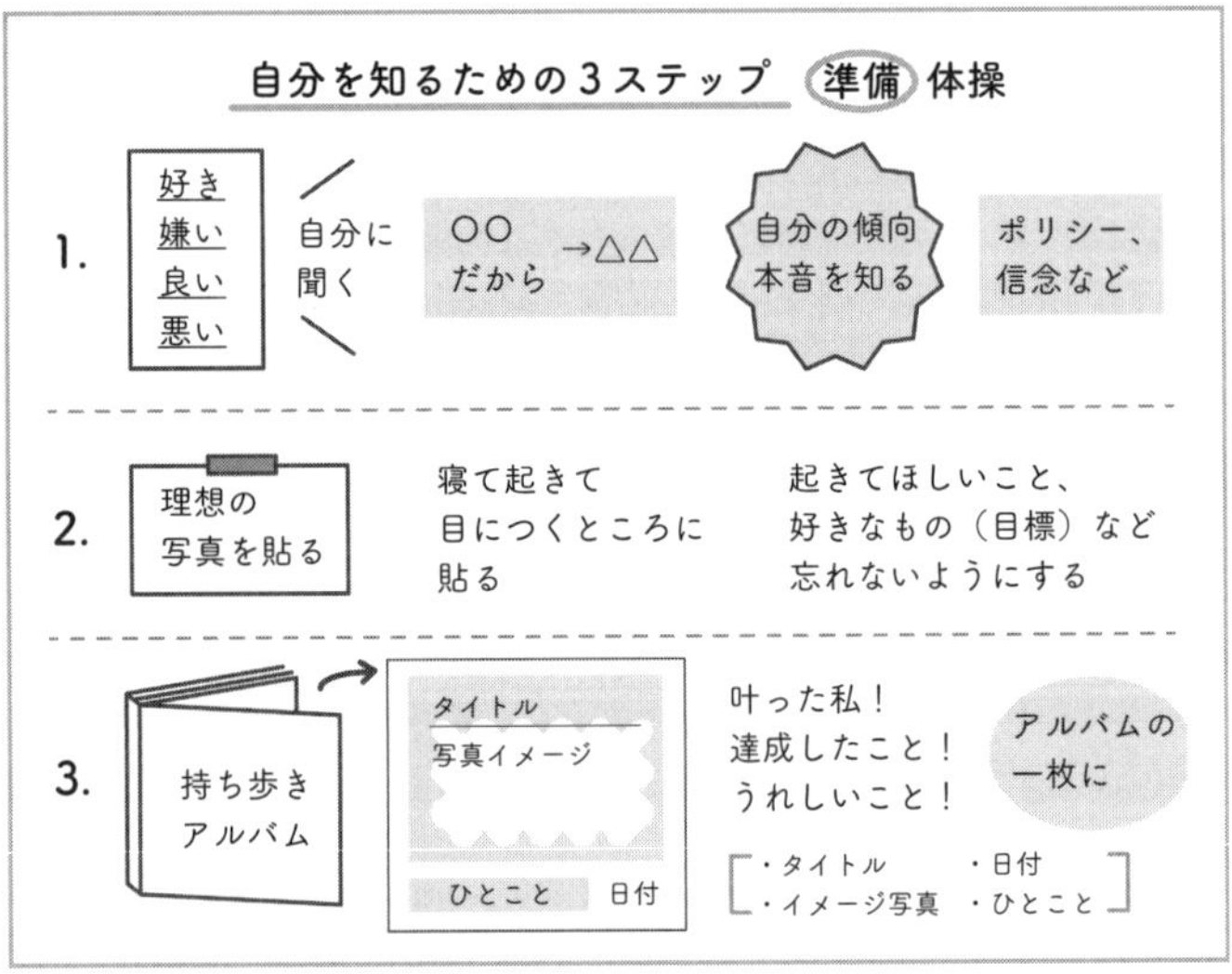

自分を知るための3ステップ 準備体操
1.
好き
嫌い
良い
悪い
自分に聞く
○○だから →△△
自分の傾向 本音を知る
ポリシー、信念など
2.
理想の写真を貼る
寝て起きて目につくところに貼る
起きてほしいこと、好きなもの（目標）など忘れないようにする
3.
持ち歩きアルバム
タイトル
写真イメージ
ひとこと
日付
叶った私！
達成したこと！
うれしいこと！
アルバムの一枚に
・タイトル
・日付
・イメージ写真
・ひとこと

われていた私も自分の理想がイメージできるようになり、ノートを書いて、理想の自分の人生のシナリオ創りが楽しくなって、次々と願いが叶っていきました。

これで準備は整いましたので、自分の気持ちを聞く、理想の自分を生きる！　最高にハッピーな自分をイメージしながら、書きはじめてくださいね。

具体的に見ていきましょう。

①金額・目標　②方法　③期日　④行動

①金額・目標

目標設定は数字を入れることで現実化しやすくなる、というお話をしたと思います。

いくら稼ぎたいか、金額を必ず書きましょう。

例えば「収入アップ」と書くだけではなく、「月収100万円」「年収1000万円」と具体的な数字を書いてください。書いてみることで、自分の器に合った金額も分かってきます。自分が稼ぐことを想像できないような金額は書けないものなので、一度書いてみて「無理かもしれない」と思っても、本当に得たい金額（数字）を意識して書き続けるのがよいでしょう。

②方法

願望というのはまだ叶っていないから願望なわけですから、やり方が分かっていたらす

メインノートに書く内容は…

①金額（数字）・目標
②方法
③期日
④行動

でに叶えているはず。今思いつくこと以外に叶うルート（方法）はあるので、具体的でなくてもかまいません。方法は限定せずざっくりと書いてみてください。

「人をハッピーにして月収100万」とか、「楽しく働いて年収1000万」「100％理想の人と理想的な出会いをして結婚」など、漠然とした感じで大丈夫です。もちろん何か具体的なアクションを思いついたら、それもノートに書いて行動していきましょう。

③期日

願望実現の期日を決めます。具体的な日付を書くことで、いついつまでに絶対に叶えるぞ、と脳にメッセージを送ります。また「ノートを書いた日付」も必ず書いておいてください。

なぜ日付が必要かというと、書いたことが実現し、後で読み返した時に、「叶ってから書いたのかな？」と勘違いするのを防ぐためです。ノートに書いたのはいつなのかをはっきりさせることで、「ノートに書いたことが現実になった」と確認して、書けば叶うのだと自信を持つことができます。

④ 行動

最後に行動ですが、これは目標を定めてから実際に起こすアクションになります。ノートとペンがあれば願望は実現可能というお話をしていますが、ノートに書く意味は、自分がなりたい未来や目標のイメージをはっきりさせ、行動するためです。

書いてイメージが明確になったら叶うルートが見えてくる。見えてきたら「行動」です。

ノートを書いていると、具体的にどんなアクションを起こせばいいか、潜在意識から情報が来ることがあるので、キャッチしたら実際に動いてみましょう。現実が動いて、挑戦するチャンスや現状を変えるきっかけが現れたら、乗っかってみる。動いていくことで、願望を叶えていくことができるようになります。

メインノートは毎日書く！

メインノートは、最初は1日に1回以上は必ず書いてください。自分が何を求めているのかを常に書き出すことで、いつも明確にしておく習慣をつけます。1日に何度も書いてもいいです。「こんなことが叶ったらうれしいな」と思い浮かんだことや「自分が心地よいのはなぜ？」「どうしていると気分がいい？」などと、どんどん自分に聞くクセをつけてみてください。

また、うらやましい、ステキだと思う人はいませんか？　思い当たる人がいる場合は、どうしてそう思うのか、自分に聞いてみてください。

こうしたい、こうなりたい、どんな「いい気分」だろう！　と叶えたいハッピーな未来の自分をイメージして、今その気分を味わってください。自分の心に耳を傾けることを習慣化しましょう。

文字にするより口に出すほうが楽な場合は、まずは思いついたことを録音してみて、夜寝る前に聞いてみてください。

ノートに向かう時間がないなどで書けないという場合は、目に付いた紙に書いてもいいです。

とにかく手や口を動かして願望をアウトプットして、自分で読み返したり聞き返したりすること。繰り返すうちに、だんだんと、自分の脳にインプットすることができるようになります。

メインノートは自動ナビゲーションシステム

メインノートは、カーナビゲーションをイメージしてもらうと分かりやすいと思います。

目的地を入力する時、自分ではルートをあまり考えないのと一緒です。第2章で、「現在地＝今の自分」「目的地＝願望が叶った自分」というお話をしましたが、メインノートの目的は自分が今思っていること、どうなりたいかということを、文字として表に出して、「現在地と目的地をはっきりさせること」です。

目的地を明確にし、なるべく絞って入力し、走り出しましょう。毎日書くことで目的地を明確な住所にまで落とし込み、ナビゲーションシステムを機能させましょう。

カーナビと目的地

ノートはカーナビと同じ
行き先は東京都
はぁ?
ざっくりすぎやろ
目的地が決まらないとスタートもできない
の…港区
港区もそこそこ広いで
番地まで明確にしたら
芝公園4丁目2の8!
よっしゃ行ったるわ
あとはアクセルとブレーキハンドルを使って走るだけ!
目指せ東京タワー!
ヴォーン

目的地を「設定」するためにメインノートがある

目的地をはっきりと設定することには、目的地への選択肢が広がるという効果があります。高速道路を運転していてカーナビが教えてくれた出口で降りられない、ということはよくあります。

そんな時はやむを得ず次の出口で降りるわけですが、カーナビは目的地に向けて、すぐに現在地からのルートを再検索してくれる。目的地さえ分かっていれば、知らない街で道に迷っても、きちんと目的地にたどり着けるようになっています。メインノートも同じように考えてみてください。

目的地までの道路状況や、どの道を走るかは考えなくていいのです。何日の何時までにこの場所へ行く！　と目的地がはっきりしていれば必ずたどり着きますので、ルート検索はいったんカーナビにまかせて、アクセルを踏み出しましょう。

また目的地にいつ着くかを決めたら、今までの生活で気がつかなかったことが目に入ってきたり、潜在意識の情報提供など、いろいろなところから情報がやってきます。そうしたら見えてきたルートに向かって、ハンドルを切り、アクセルをふかし、時にはブレーキを踏みながら走らせていきましょう。

ネガティブは叶う証拠

ネガティブノート

サイズと形：B5以上のリングノート（ページを破って使うため）
書く内容：ネガティブな思い
目　　的：ネガティブの解消、整理、ポジティブバック

その名の通り、ネガティブな考えが浮かんできたら書く「ネガティブノート」です。メインノートを書いていて、「でも」「けど」「だって」「しかし」が出てきたら、

ネガティブノートの出番です。

目標を掲げたらネガティブが出てくるのは当たり前です。現在地と目的地の差があると脳が認識した証拠。ネガティブの理由を明確にすれば、自分の理想にたどり着けます。ネガティブは叶う可能性のあることにしか感じないのです。ネガティブノートは不安や悩みを思いっきり書いて、自分の本音を知るノートなので、どんどん書いていってください。

ネガティブノートにB５以上のリングノートを使う理由は、ページを破ってもノートがバラバラにならないからです。ネガティブノートは、書いたことを破り捨てたり、ＴｏＤｏリストを書いて持ち歩くため、ページを破っていいものだと便利だからです。

ネガティブノートは必ずページの下まで書くようにしてください。ページの半分で終わるのではなく、最後まで使い切ってください。出し切った時にはポジティブへ向かうヒントや、こうしてみようというアイデアが浮かぶことがあります。ネガティブをすべて書き出して、どうなりたいかと自分に問うと、どうすればいいかが分かりはじめてくるのです。

言葉の魔法に助けてもらう

私自身仕事がうまくいかなかった頃は、ネガティブノートに思いのたけをつづっていました。その結果、事実でないことを決めつけていることに気づくことができました。ノートに書き出すことで自分自身ができないと思い込んでいる理由にたどり着くことができるのです。

ネガティブを感じているのに、「仕事が楽しい」「仕事がうまくいっている」という状況をイメージするのは難しくて、最初はなかなかうまくいきませんでした。そんな時、「できない」「無理」「苦しい」と思っていることを女性経営者に話しました。

すると、

「言葉の魔法に助けてもらいなさい。お金を稼ぐのは簡単と言ってごらんなさい。簡単に考えないとお金は簡単に入ってこないよ」と言われました。

その日から「お金を稼ぐのは簡単！」を口にし、そう思い何度もノートに書いてきました。

簡単にお金を稼いでハッピーになるというイメージをする努力を続けると、どんどん叶って、今度は忙しすぎて寝

る暇もなくなってしまいました。これはちょっとまずいなと思いました。自分の状況に「これはちょっと違うなぁ」「嫌だな」ということが起きれば、「本当に叶えたいのはどんな感じ？」とご自身に聞いて、書き直せばいいのです。

思い込み＝現実

ネガティブを味方につける5ステップ

ネガティブノートは、次のような時に書きます。

他人や周りが気になる時、環境や他人に対してネガティブを感じる時、感情（心配、恐怖、不安、怒り）を感じる時、自分はダメだ、できないと思う時、目標に対して漠然とした不安を感じた時などです。

ステップ1　あなたが感じている気持ちを書き出します。

「何が嫌？」「何がダメ？」など、全部ノートに吐き出してください。ノートなら安全に吐き出せます。

ステップ2　全部書き出したら、書き出した事柄を三つに分ける。

過去…昔起きた出来事から来ること
現在…今実際に起きていること
未来…起きてはいないが、この先起きてほしくないこと、心配・不安

混ざっている場合もありますので、その場合は事柄を分解したり、ステップ3の問いかけを各々にやってみてください。

ステップ3　〈過去、現在、未来〉にあてはまる問いかけを、自分に聞いてみる。

過去…どんな体験・経験からそう感じるの？　大切な人が同じ体験・経験をしたら、何て言ってあげたい？　何と声をかける？　など
現在…今できることは？　やったらいいことは？　やらなきゃいけないことは？

それは、「いつ？」「だれと？」「どうやって？」「いつまでに？」「何をする？」を明確にすると楽になりますよ。

ここまでに出てきたことをＴｏＤｏリストにします。できたことから、線を入れてすっきりしましょう。

未来…「どうなったら嫌？」「つらい？」「悲しい？」「何が怖い？」「何が大変？」などを短く箇条書きにしましょう。

ステップ4　ネガティブの後ろに隠れている、真の願いにたどり着く。

まずは、ネガティブな気持ちを、「そうだよね、分かるよ」と受けとめた上で、希望や理想を自分に問いましょう。

「どうなったら安心？」「どうなったら最高？」「どうなったら満足？」「うまくいったらどんな気分？」

ここまでで、ネガティブの原因が分かったり、思いグセ、やるべきことが分かってくることもあるし、まだモヤモヤしているかもしれませんが、繰り返しているうちに、真の願いが明確になっていきますので、書いていきましょう。

ステップ5　叶った私をイメージする。

①次のように具体的にイメージします。
容姿、持ち物、服装、表情、所作、何を食べていますか？　どこにいますか？　など

②隣には誰がいますか？
その方の表情、身なり、雰囲気、どんな場所で何をしていますか？　その

→
Q.どうなったら うれしい？
Q.どうなったら幸せ？
Q.何があって、どう見られたらうれしい？　など

→
いつ？
だれと？
どうやって？
いつまでに？
何をする？

明確にすると楽

→
Q.どうなったら安心？
Q.どうなっていたら最高？
Q.どうしたら満足？
Q.うまくいったらどんな気分？

方はあなたに何と声をかけてますか？　あなたは何とお返事していますか？

③それがもう当たり前になっているあなたは、何と言っていますか？　どんな気持ちですか？

④叶った自分にしか言えないセリフは何ですか？

　このようにネガティブを掘り下げていき、自分のブロックを外したり、願望を明確にしていきましょう。

過去

Q.どんな体験・経験からそう感じる？

Q.大切な人が同じ体験・経験をしたら
何て言ってあげたい？　何と声をかける？　など

現在

To Do リスト作成

Q.今できることは？

Q.やったらいいことは？

Q.やらなきゃいけないことは？

誰に
何を　がポイント

未来

Q.どうなったら嫌？　つらい？　悲しい？

Q.何が怖い？

Q.何が大変？

箇条書き
短く！

ネガティブは叶うことにしか感じない、ネガティブを感じたらオメデトウ！

20年ぐらい前の私はネガティブで落ち込みやすく、なかなか気持ちを切り替えることができないネガティブ番長でした。そんな私に女性経営者がこうアドバイスをしてくれました。

「あんた小泉首相の（郵政民営化の）悩みを悩めるか？　次の総理大臣になったらどうしようって思うか？　それは安倍さんの悩むことやろ」と。

その時、「なるほど」と思ったのを覚えています。

「人は自分がどうにもできへんことでは、悩めへんようになっているんやで、ネガティブ来たらオメデトウや」

と言われ、ネガティブへのとらえ方が変わりました。それまでは、ネガティブが出ると、「できない！　だめだ！」と、より自分を責めていました。

彼女の話を聞いて、「ネガティブは起きると叶う！　叶うから出てくるのだ！」と思うようになり、ネガティブな感情と客観的に向き合えるようになりました。そして、**「障害は前へ行こうとしている人の前にしかない、**（ネガティブや問題、障害は）あんたに越えられるちょうどよい高さで来る。**越えられない悩みは来ないよ」**と言ってもらいました。これを聞いて、「ネガティブは成長のサインだ！　自分に越えられるのだ！　頑張って成長しようとしている人は、必ず経験して学んで乗り越えるべきことがやってくる。これを越えたら器を広げることができ、成長できる」と希望を持つことができました。そして、ネガティブを覆い隠すのでなく、確認して前に進もうと思うようになってきました。

「ネガティブ上等!!　小脇にかかえて前へ進め！」

ネガティブは成長の証。進化・成長している自分にネガティブが来るのは当たり前。何も変わらず、何も起こらなければ、ネガティブは起きません。変化はチャンスです。変化の波に乗って、人は成長するのだと気づかせてもらいました。

思いついた目標はできる可能性がある！
ネガティブが来るのは叶えられることだけ。
ネガティブが来たらチャンスの到来！

ハッピーに集中！
ネガティブなほうに
目が行くのは
ヒトとしての本能です
なぜなら
そうしてあらかじめ
危険を察知していないと
この木の
むこうに
オオカミ
いるかも
生き残って
いけなかったから
でも
安全な現代においては
いままで
守ってくれて
ありがとー
その概念、
もう必要ありません
だから、これからは
ハッピーだけに集中！
えへへ
頑張るのはそこだけで
いいんです

私たちには無限の可能性があります。ネガティブはあっていいのです。自分を信じ、小脇にネガティブかかえて、前へ進みましょう！

奇跡を起こす第3のノート

潜在意識ノート

サイズと形：B4以上のスケッチブック
書く内容：思いついたことをすべて書く
目　　的：潜在意識へアクセスする

「潜在意識ノート」は、書けるようになってくると本当にいい仕事をしてくれます。

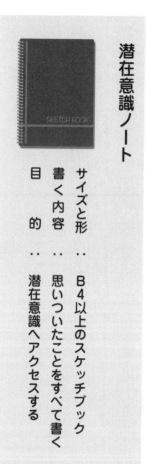

B4以上の無地のスケッチブックを使ってください。100円ショップで売っているような、らくがき帳でかまいません。

メインノートとネガティブノートはいつ書いてもらってもかまわないのですが、潜在意識ノートだけは、書くタイミングがとても重要です。就寝直前（寝入りばな）と起床直後（起き抜け）に書くのが鉄則なので、夜寝る時の枕元に置いておくようにしましょう。

寝ぼけてはみだしてしまわないように、大きなノートを使うのがいいと思います。起床直後に必ずお手洗いに行く習慣がある人は、お手洗いに1冊置いておくのもおすすめです。

就寝直前は眠くなっている状態で、起床直後は目が覚め切って意識がはっきりするまで書き続けるのがベストです。

寝入りばなと起き抜けは、潜在意識とつながりやすく、自分の想定外の願望実現の方法が見えてくることがあります。

このノートの狙いは、ズバリ潜在意識にアクセスすること。寝る前と起床から40分間くらいは脳が柔らかいので、潜在意識とつながりやすいと言われています。寝る直前に見た怖い映画の映像が夢に出てきたりするのと一緒で、柔らかくインプットされやすい脳をフル稼働させます。

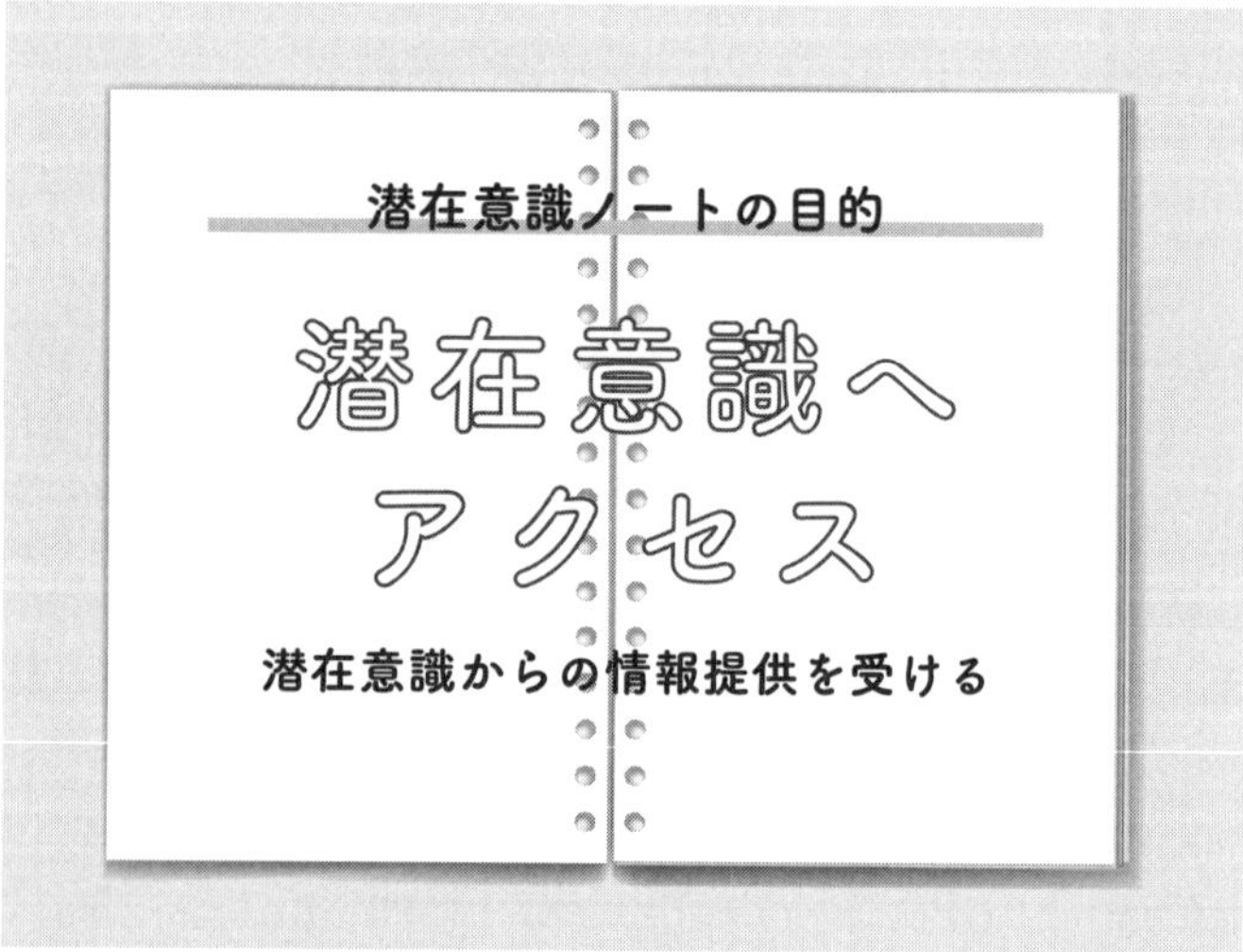
潜在意識ノートの目的
潜在意識へ
アクセス
潜在意識からの情報提供を受ける

起きてすぐに書いた文字は読めなくてもいいです。だんだん目が覚めてくると文字になってくるので、思いついたことをすべて書く。意識がはっきりしてから、読めない箇所の中で覚えていることを、もう一度清書してもかまいません。

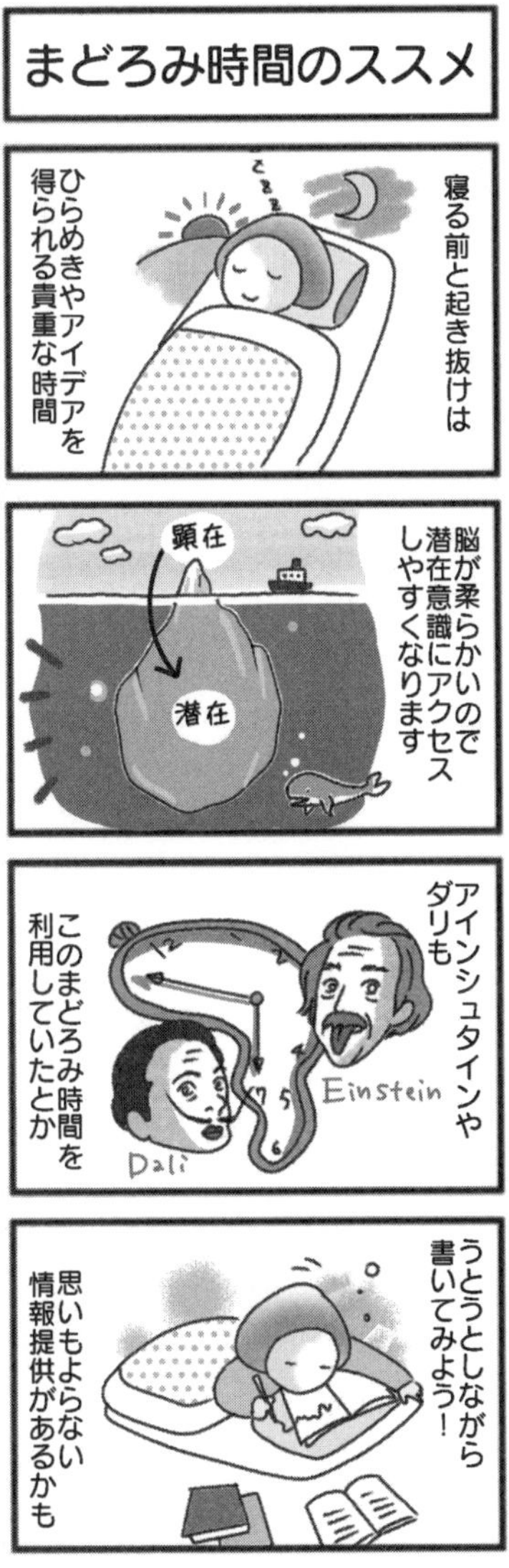
まどろみ時間のススメ
寝る前と起き抜けは
ひらめきやアイデアを得られる貴重な時間
脳が柔らかいので潜在意識にアクセスしやすくなります
顕在
潜在
アインシュタインやダリも
このまどろみ時間を利用していたとか
Einstein
Dali
うとうとしながら書いてみよう！
思いもよらない情報提供があるかも

潜在意識を思いのままに！

私はネガティブを感じやすかったので、女性経営者に「寝入りばなと起き抜けは、脳みそが柔らかいから、潜在意識に入りやすい。ホラー映画とか見ないほうがいいよ。ニュースなんかのネガティブ情報も入れないほうがいい」と言われました。テレビは一方的な発信だから情報は選べない。ネガティブなことを見聞きしていると、ネガティブがやってきやすいからです。

私は最初にアルバム術でイメージすること、自分の達成した気持ちを味わうことを教えてもらい、それからノートを書くようにすすめてもらいました。始めた時はメインノートとネガティブノート、潜在意識ノートを一冊に書いていました。Ｂ５サイズの糸綴じノートを使っていましたが、書いたページを破いて捨てると、その対のページが外れたり、まだ目が覚め切っていない時に書く文字は読みにくい。その結果、ノートを3冊に分けて書くようになりました。

潜在意識ノートを書く時のポイントは、基本寝る直前と起きてすぐのボーッとしている状態の時にノートを書くことです。

私が朝活動画などで「潜在意識から来たんです」と言っているのを、聞かれている方もいらっしゃると思います。これはほとんどが起きてすぐ書いたノートにあったことを言っています。目が覚めて半分まだ寝ている、頭が柔らかい状態から、どんどん湧き上がってくるのです。

寝る前には、今ある課題などを投げかけると、その答えが出てくることもあります。

私は寝る前には「みなさんが人生を好転させる朝活ができるような話をください」と

書くと、朝活の内容が翌朝の潜在意識ノートに書いてあるのです。

私はこの習慣で潜在意識とつながり、起きる時には自分がびっくりするぐらい納得のいく、みなさんにとって最適なお話が潜在意識ノートに書いてあることが多いです。私は朝活の内容については、前日までにざっくり決めてはあるのですが、不思議なもので、朝になるとそれじゃない！　と潜在意識から来て、全く違う話をすることがあります。

自分がこうなりたい！　としっかり寝る前などに意図を出しておくと、起き抜けに書く潜在意識ノートに、自分には思いつきもしないようなヒントや情報が出てきたり、どうにもならないと思っていた課題を解決する道が分かったりと、すごい効果があります。ぜひ活用してみてくださいね。

潜在意識ノートで自分の「思考の傾向」が分かる

何日か続けていると、自分の思考の傾向を客観的に眺められるようになります。自分は何について考えていることが多いのか、私もやってみて最初ビックリしました。

ベッドにノートを置いて書くようにしたら、一生懸命ポジティブに考えるようにしていても、ものすごくネガティブなことを書いていることがあります。表面的にはポジティブでも、潜在意識ではすごく不安や恐怖を感じていることに気づきました。

ネガティブな自分を否定する必要はなく、自分がどう思っているかを知ることが大事です。よく私は「お化けの正体を知ってほしい」という言い方をするのですが、まさに潜在意識ノートで私の中に隠れていた心配や不安の正体に気づくことができるのです。

普段お話ししていると、とてもポジティブで前向きな人が、なぜかネガティブな現実ばかりが起こるので、不思議に思い潜在意識ノートを書くことをすすめてみると、ものすごくネガティブなことばかり書いていて、自覚はないが潜在的にイメージしていたことが現実になっていたと気づき、改善できたことがありました。

自分では前向きだと思い続けていたら、「お化け」の正体は分かりません。自分の

潜在意識ノートの結果

強力な効果

すでに「知っていて」
今は「分かっていない」だけの
願望達成の方法を

「分かる」状態にする

本当の思考を知ることで原因が分かり、改善し、好転のきっかけをつかむことができます。

潜在意識からの情報を受け、あなたの本音にたどり着ける「潜在意識ノート」をぜひ習慣にしてくださいね。

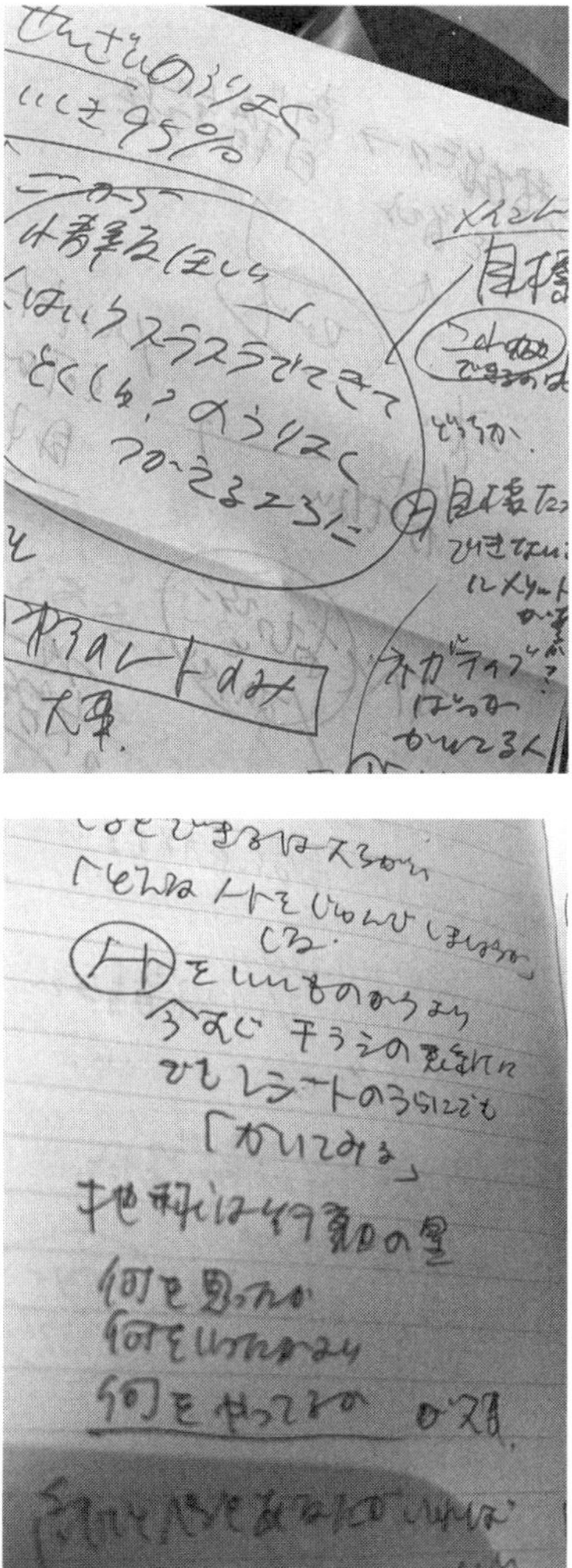

私が書いていた潜在意識ノート。
講座で話す内容がそのまま出てきたりします

〈 3冊のノート活用法 〉

目的	目的・目標を明確に	ネガティブ&問題解決	潜在意識へアクセス
3冊のノート	自分の本音を知る  メインノート 願望を書き出す	ネガティブ自己解決 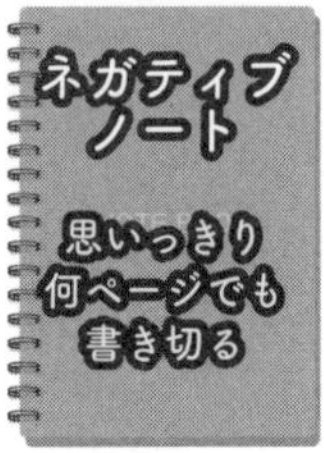 ネガティブノート 思いっきり何ページでも書き切る	寝室に置く  潜在意識ノート 思いつくまま書く SKETCH BOOK
ポイント	①金額（数字）・目標 ②方法 ③期日 ④行動 を書く ・日付を必ず書く ・持ち歩くもの いつでも書いてOK ・たくさん書くより回数書く方が◎	・リング付き B5以上のノート ・自信をなくした時、ネガティブを感じた時に即、書く！ ・ノートの下まで書き切ること！（必ず下の行まで） ・破り捨ててOK	・潜在意識に働きかける ㊀朝 起き抜け ㊀夜 寝入りばなに書く ・寝る前に問題・課題を意図する ・思考の傾向を知る ・思いついたことをすべて書く
結果	・自分の本音をしっかり認識できる ・記録して脳にインプットさせる ・習慣化する	・ポジティブに意識を変える ・切り替える習慣をつけられる	・強力な効果 ・すでに「知っていて」今は「分かっていない」だけの願望達成方法を分かる状態にする

願望 ↓ 達成
自分を知る願いを叶える習慣作り

自力 ↓ 改善
自力でブロックを外す

潜在 ↓ 意識
奇跡を起こす

第5章

ノートの書き方に困ったら

【解説動画】
▼

〈PW：1111〉

脱ねばねば星人！

忙しくてノートが書けない、ゆっくり書く時間がとれない。毎日ノートを書いているとそんな時もあるかもしれません。そうした時は、書くことにこだわらなくても大丈夫です。音声でもいいし、友達とのおしゃべりでもいい。ノートに書いてあることをパラパラ見直してもいい。

ノートを書く目的は、自分の人生を自分でデザインすること。手段は何でもいいのです。自分の気持ちを聞く習慣や時間を持ってみてください。

もし、書くこと自体がつらくなったら、願いが「～ねばならない」になっていないか、点検してみてください。やらねばならないと思うとつらくなります。そしてやることが大変だと脳が意識してしまうと、「できない」という制限を自分で作ってしまい、足がすくみます。

私も以前はやらねば、せねばの、ねばねば星人でした。女性経営者から

「やらねばならない」を「やりたい」に変えてごらん

とアドバイスをいただき、「〜を叶えたい！」に目標設定しました。すると、ハッピーなイメージや視点が加わり、そのためにはどうする？　と、さらにイメージが膨らみ、可能性が広がっていきました。

同じお金を稼ぐということでも、「お金を稼がなければならない」が、「お金を稼ぎたい」になると、結果が大きく違ってきます。

「やりたい！」に変換して、ワクワク視点をプラスする

ぜひやってみてください。

願望はいくつ書いてもいい

私の講座を受けてくださったり、動画を見てくださったりする方たちは、基本的にとても真面目で謙虚な、良い方が多いので、「願望は一つに決めなければいけませんか」「あれこれ欲張ってはいけないような気がして書けない」といったお悩みも寄せられました。

願望は何を書いてもいいし、いくつ書いてもいいのです。すべてを叶えて幸せになっているあなたは、どんなあなたなのかをイメージするのです。自分に制限をかけず、どんどん願望を叶えていってください。幸せになる可能性は無限です。制限に気づけたら、もう幸せは目の前です。気づいたら「そうだよね」「そう思うよね」「分かるよ」と自分を認めて、そして「どうしたい？」「どうなりたいんだっけ」と自分に聞いてあげてください。

女性経営者から「性格は変えなくていい、変えるのは考え方だけ」と教えてもらいました。私は性格は変わっていませんが、「自分の人生は自分でデザインする、自分の人生は自分で決める」という方向に考え方が変わっただけなのです。ノート術の目的は、自分の本当の願いを見つけ、それを叶えることなのです。

3冊のノートの書き分けに迷ったら

「3冊のノートをどう書き分けるのか」これもあまり厳密に考えることはありません。

メインノートに願望を書き、そのためにどうしたらいいかを考えているうちに、アイデアが浮かんできて「ＴｏＤｏリスト」のようになっていることもあるし、ネガティブノートを書いているうちに、悩みが整理されて、何をやるべきかが見えてきて、同じように「ＴｏＤｏリスト」や願望を書いている時があってもまったく問題ありません。

書き方にこだわる必要はありません。自分の本音を知り、どうしたいかが分かって、幸せな方向へ意識を向けられたらそれでいいのです。

最初はとにかくメインノートで叶えたいことに具体的な金額、方法、期日、行動を入れて書き続け、「どうしよう」と不安に感じたらネガティブノートに替える、ということを繰り返してください。

ネガティブな感情が強く出ている時は、自分にどういう思いグセがあるのかや、問題点に気づき好転への糸口を見つける絶好のチャンスです。自分が知らずと繰り返してしまう、マイナスのスパイラルを断ち切ってください。答えは自分が持っています。

とにかく思う存分書き出して、自分の本音を知ってください。越えられない悩みは来ませんよ！

〝なんちゃって目標〟ではネガティブが発動しない

メインノートは本当に叶えたい本気の目標を書いてください。今目の前にある現実を度外視した壮大な目標でいいし、制限は何もありません。ただし、「できたらいいな」と手当たりしだいに書いた目標の中には、私が〝なんちゃって目標〟と呼んでいるフェイクが隠れていることがあります。ネガティブノートがまったく書けない状態になっている時は要注意です。

この〝なんちゃって目標〟は叶わなくても現実にはそれほど差し障りがないので、期日も曖昧になりがちです。あなたにとって「どうしても」「絶対に」「何がなんでも」叶えたいという、本当に心から求めている願いであれば、感情が動きネガティブが必ず出てきて、叶えるための方法を真剣に考えます。

またネガティブは、願望が射程圏内に入っていて、自身の制限となるような問題や課題を見つけられたと思ってください。今は叶っていないから願望があるわけで、願

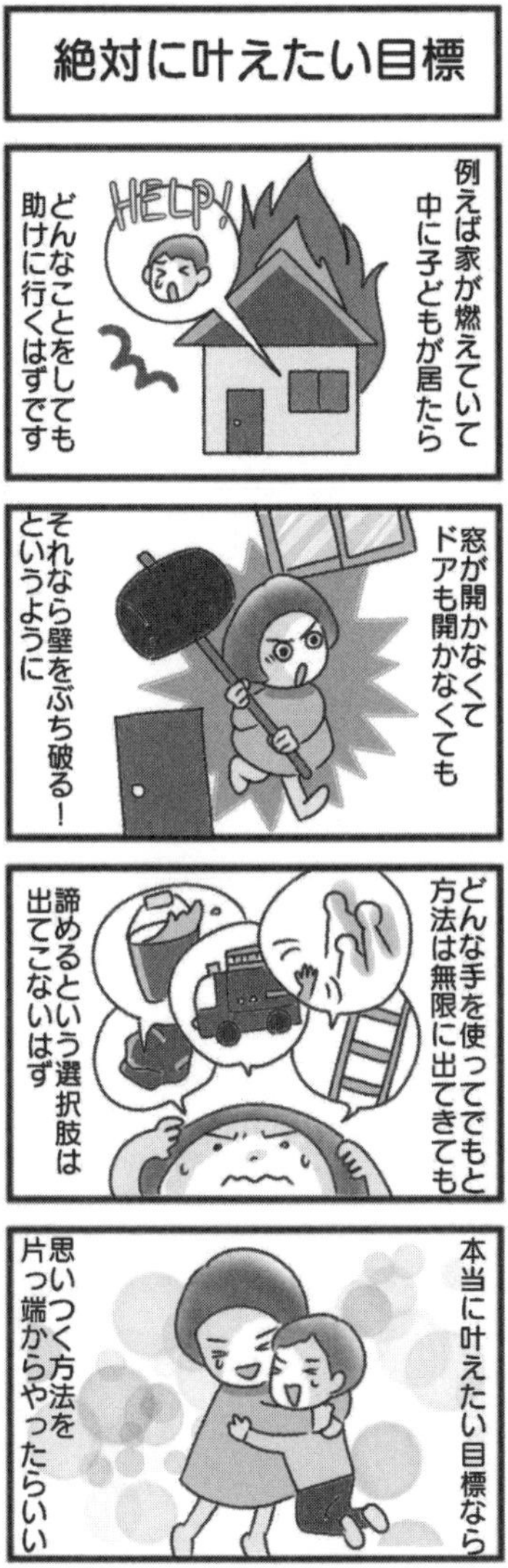

望が叶うルートの途中には必ず問題や課題があります。なのでネガティブが出てこなければ、叶って当然の目標か、達成のイメージがついていないかのどちらかです。そんな時には、願望を見直してください。

願望の本気度が高ければ高いほど、期日も明確になってきます。大げさな例を挙げると、大好きな人が火事の起きているビルに閉じ込められているとします。「明日までに考えよう」とはならないですよね。「今すぐ、どんな手段を使っても助ける」と考えます。心の底からの願いであれば、自ずと明確になるはずなのです。

潜在意識ノートをうまく習慣化する

ノート術を始めて日が浅いうちは、「潜在意識ノートを書くのが難しい」と感じるかもしれません。その場合は、メインノートをもう一度しっかり書いてみてください。

カーナビゲーションシステムの目的地のように目的が明確でないと、潜在意識は動きません。目的地が明確になればなるほど潜在意識ノートの精度は上がります。頑張って習慣化してください。

潜在意識ノートは、今の自分では気づいていない願いを叶える最短ルートを教えてくれます。

寝る前などに少し時間をとって目を閉じ、理想の未来や目標を叶えた自分自身のイメージをすることから始めてください。そしてこんなふうになったらいいなと書き出してみてください。

睡眠中に脳が必要な情報を集めてくれることがあります。朝、目が覚めた時に脳が集めてくれた情報を書き留めておくだけで、どんどん理想の状態に近づけます。

あまり難しく考えず、寝る前に理想を思い描くことや今の課題を書くことから試してみてください。

また就寝前後以外にも、まどろんで意識がぼんやりとしている時間や、単調な作業をしている時にも潜在意識が働き、ふとアイデアを思いつくことがあります。お風呂に入っている時や、お皿を洗っている時、「心がニュートラル」になっている時に思いついたことは潜在意識とつながりやすいので、いつでも書いたり音声録音したりと「記録」することを習慣にしてくださいね。

書けないなら、別の方法でＯＫ！

書くことの目的はあなたが、最高にハッピーな人生をデザインすること

ノート術の目的は自分を知り、自分が本当にどうなりたいかという願望を明確にし、潜在意識を使って現実化していくこと。つまり「あなたが自分の思う最高の幸せを手にすること」なのです。方法論は無限にあります。可能性も無限です。

「自分がこうなれば最高に幸せ」という結果だけに意識を集中させ、叶った自分のイ

メージをノートにデザインしてみてください。

どうしてもノートに向かう時間がない、眠くて就寝前後にペンが持てないという時は、願望を録音して寝る前に聞くのも効果絶大です。

また、好きなブランドの時計をつけて写真を撮り、目にするところに貼るなど、目指すものを忘れないようにしてみてください。

習慣化できると現実になりやすいので、日頃必ずすることと組み合わせて継続できるように考えてみてください。トイレは一日何度か入るので、私はトイレに入ったら必ずイメージすることを習慣にしていました。

何もできないくらい落ち込んでいたり、ポジティブな言葉が何も浮かんでこないぐらい疲れているなら、「最高！」「完璧！」「素晴らしい！」を千本ノックや呪文のようにつぶやいて、自分の耳に、脳に、聞かせてあげてください。そして言葉の魔法に助けてもらってください。

その努力にあなたの潜在意識は反応して、必ず叶う現実を見せはじめます。

ノートを書くことが目的ではなく、願望を無限に叶えて幸せになり続けることが真の目的です。

叶えばなんでもいい
ノート書くのめんどくさい？
それなら書かなくていい方法を考えればいい
貼る！録音する！トイレトレーニング！
ノート書くだけがノート術じゃない！
え？
叶うことをやればいい！叶えばどんなやり方でもいい！
あなたが幸せになるならそれが正解！
ひとつ叶えたら次の願望！
無限に叶えられるんだからどんどん行かなきゃね！
願う
いそげー！
叶う

第6章

ノート術にプラスして実現力アップ！

【解説動画】
▼

〈PW：1111〉

女性経営者の「鏡で顔を見なさい」

女性経営者に出会った日、「鏡で顔を見なさい」と言われて衝撃を受けたお話をしました。当時、周囲の人たちは私があまりに必死なので、声をかけにくかったのだと思います。すでに頑張っている人に、これ以上「頑張れ」とは言えなかったのでしょう。20年前の私は、人からどう見られているか考える余裕はありませんでした。

「鏡で顔を見なさい」ということはつまり、**「自分の発している情報に責任を持つ」**ということです。つらくて苦しい、という顔をしている人と、積極的に関わりたいと思う人はいません。あの時から私は客観的に自分がどう見えるか、意識するようになりました。私の表情や雰囲気といった「情報」が、私の人生を創っていることが分かったからです。

どんな姿をした、どんな自分でいたら満足か？　どんな表情、所作をしている人と一緒にいたら幸せなのか？　を考えながら、一度じっくり鏡を見てみてください。鏡の中の自分がどういう表情や雰囲気をしていれば、幸せになれるかを鏡で点検するのです。

このメソッドを、私はノート術にプラスして「ミラーアプローチ法」としてご紹介しています。

願望のイメージを強化し、潜在意識を動かすためにとても有効な習慣ですので、ぜひ日々の生活に取り入れていただければと思います。

感覚タイプ別 夢が叶いやすい習慣

ミラーアプローチ法がいかに効果的かを分かっていただくために、第1章で少しだけ触れた**「願望実現の方法に向き不向きがある」**という感覚タイプについて、もう少し詳しく説明します。

人が脳に何かをインプットする時には、五感をフル稼働させていますが、どの感覚から得た情報に脳が反応しやすいかどうかは人によって違います。感覚のタイプは①視覚優位型（ビジュアル型）②聴力優位型（サウンド型）③身体感覚優位型（フィーリング型）の3つに分かれます。

	ビジュアル型 （見る） 色	サウンド型 （聞こえる） 音／表現	フィーリング型 （感じる） 雰囲気
優位型	**視覚** イメージで判断	**聴力** 言葉（音）で 伝えようとする	**身体感覚**
会話	手を動かす	手が口元に／目線 がせわしなく動く	言葉に詰まれば 身ぶり手ぶりで説明
特徴	見たことを話す・表 現する 映像を好む	音楽が好き 雑音を嫌う	体を動かすこと が好き
表現	頭にイメージを 浮かべ、見た感じを 表現する	相手の話に 耳を傾けて聞く	ゆっくりと考え、 頭の中で整理 しながら会話する
語り口	早口	普通	少し落ち着いている
教育	・図、表、 イラスト、写真、 スライドなどを 用いると良い ・写真、図を見せる または図などを メモに書く指示 ・資料も図表を 用いるとミスが 減る	・音声 （CDなどの音源） を活用する ・音声に変換 音読／対話形式 （読み上げる方 が良い） ・言葉ではっきり 指示	・新しいことを理解 するのに時間が必要 （急かすのはダメ） ・基本は教えて、 そこから先は 本人に考えさせる （論理的情報は 整理して伝える） ・慣れるまでフォロー →本人に委任 （自分の感じていることを 言葉にするのが苦手） ・身ぶり手ぶりを意図 的に加え、オーバー アクションで指示
信じているもの	物質を信じる	目に見えない ものを信じる	自分を信じる

前頁の図は、私が子育てや人と関わり仕事をしていくなかで、人にはそれぞれ優位な感覚があることを知り、参考にしてきました。

この優位感覚はコミュニケーションにも強く影響しています。優位タイプが違えば、受け取り方が全く違うので、上司と部下や、同僚同士、親子など、相手のタイプを知っていると、どう伝えれば相手が理解しやすいかが分かり、スムーズにコミュニケーションをとることができますので、お互い楽になるのです。

では、それぞれのタイプについて、お伝えしていきます。

①視覚優位型（ビジュアル型）

【特徴】

見る感覚が優れている人です。会話の時によく手を動かし、映像を好むのがこのタイプです。目に見えるものを重視するので、お金や物質的なものを重んじる傾向が強いように思います。まず頭にイメージを浮かべてから、見えたことを伝えることが多く、イメージが先行するため比較的早口の人が多いです。図、表、イラスト、写真などを用いると記憶に定着しやすく、資料なども図表を用いるとミスが減ると言われています。

【効果的な願望実現アプローチ】

私もこのタイプで、目で見たことを脳がそのまま現実化するため、写真を切り貼りする〝アルバム術〟がピッタリでした。朝、目が覚めた時に、目にするところに自分が叶えたい願望を視覚化したものを貼っておくのが効果的。自分が見ているかのような写真でイメージし、願望が叶った自分が見るであろう景色や叶えたいもの、欲しいものを、スマホの待ち受け画面にしたりすると、願いは自然に具現化していきます。

② 聴力優位型（サウンド型）

【特徴】

音で聞くことが得意な人で、イメージが言葉（音）になると記憶に残りやすいタイプです。会話中に手を口元に持っていきがちで、話している時に目線が左右に動くのも特徴です。

音に敏感なので、音楽が好きで、雑音を嫌います。相手の話にしっかり耳を傾けて話を聞くことができます。目に見えないものや、直感を信じている人が多いです。何かを依頼する時に、資料やメモを渡すだけではなく、言葉（音）で説明したほうが伝わりやすいのがこのタイプです。視覚優位型の人が図や表にしたほうが記憶に残るのに対し、聴覚優位型の人は口に出して確認したほうが印象に残りやすくなります。

【効果的な願望実現アプローチ】

夢や理想を語り合ったり「叶ったらどうする？」などと口にしてみるのが効果的です。呪文を唱えるように、ノートに書いた願望を読み上げたり、「なりたい自分」が言いそうなセリフを口にしたりして、自分の耳に聞かせて潜在意識にインプットさせることができます。

願いを口に出しているとどんどん叶っていくので、自分の夢や理想を語って、共感してもらえる仲間をつくると実現のスピードが加速します。

〝アルバム術〟では結果が出なかった人の中にも、レコーダーを使って願望を録音し、聞くことでどんどん叶った人がいました。耳で聞いたことを脳が現実化するので、信頼できる友人に目標を話すのも効果があります。

③身体感覚優位型（フィーリング型）

【特徴】

スポーツが得意な人や、身体を動かすことが好きな人に多いタイプです。身体感覚を通じて情報を得ようとする人で、フィーリングを大切にします。自分の肉体に自信を持っていて、自分自身の信念を強く持っている傾向があります。

話す時に言葉に詰まると身振り手振りで説明しようとすることが多いのも特徴です。ゆっくり考え、頭の中で整理しながら話すので、会話自体が落ち着いたゆっくりしたものになりがちです。

新しい物事を理解するのに時間がかかるので、時間的に余裕があるとパフォーマンスが上がり、逆に急かされると落ちてしまうことがあります。

論理的情報をあれこれ詰め込んだり、自分の感じていることを言葉にするのが苦手なので、情報を整理したり、類推してフォローしてもらうとスムーズです。
基礎を飲み込むまでに時間がかかるので不器用だと思われがちですが、いったん飲み込むと一番応用がきくのは身体感覚優位型の人。丁寧に基礎を伝えると最終的には最も仕事を任せられるのがこのタイプです。

【効果的な願望実現アプローチ】

身体感覚優位の人がイメージをインプットするには、願望が叶った時の感覚を味わうのが近道です。
高級ホテルに泊まりたかったら、そのホテルで使用していそうなスリッパやガウンを使ってみる。また嗅覚は、脳の記憶を司る部位にアクセスするので、自分がうまくいった、満足した経験を味わった時の香りを記憶して、手元に置いておくことなども効果があります。

すべてのタイプの人に効く！ミラーアプローチ法

自分がどの感覚優位タイプか分かると、より自分に合った方法で願望実現に近づくことができますが、どれか一つだけという人は少なく、複合的にタイプが混ざり合っている方がほとんどです。

私が編み出したミラーアプローチ法は、視覚、聴覚、身体感覚すべてのタイプの人に効果的な方法です。

具体的なやり方はシンプルです。鏡に映った自分の姿をチェックし、願望が叶った自分の姿がそこにあるかをチェックします。夕方トイレに行った時に、鏡の中の自分を見てください。その姿を見て、自分のなりたい自分でいたら１００点、そうでなければ自分がイメージする〝ありたい姿〟に近づけます。
トイレの中で、願望を叶えた自分が言うであろうセリフをつぶやくのも効果的です。
つまり「願望がすべて叶ったと仮定して、叶った自分でその瞬間を生きる」ということを習慣にするのです。

ここで大切なのは、「願望がすべて叶った自分」のイメージ方法です。あなたの願望が「月収100万円以上をずっと稼ぎ続ける」というものだったとします。月100万円あったら何を買おう、どこに行こう、と考えがちですが、その前に、**「100万円稼ぎ続けている自分」がどんな自分になっているかをイメージ**してほしいのです。

100万円稼げている自分は、何を思い、どんな表情で、何を目指して、どう生きているのかをイメージするのです。

月100万円入ってくるということは、「実力がある」「自信がある」「できないことができるようになっている」「仕事やお金に対して向き合い方が変わっている」「人から信頼されている」「他人から認められている」など、自分の状態が変化しているはず。

100万円を手にした状況をあれこれ考えるのではなく、まずは**100万円を得られるようになった自分は今とどう変わっているのか**、を考える。うれしい気持ちや自信があって明るく輝いている自分をイメージし、その自分がやりそうなことをして、言いそうな言葉を使い、今を生きてみてください。

- **どのようなことができるようになっている?**
- **できるようになったらどんな気分?**
- **どのような達成感を味わっている?**
- **鏡の中の自分はどんな顔をしている?**

鏡の中の自分は、できないことができるようになっていて、人から信頼され、認められている自分です。その自分が結果として月収100万円が当たり前、という願望を現実にしているとイメージしましょう。

もう一つ例を挙げます。「結婚したい」と思っている場合です。いい出会いがあって、その相手はどんな人で、こんなふうに出会って結婚に至って……とイメージを描いていくのも大切ですが、その前に自分がとっても魅力的になり、お相手から選ばれているのはどんな自分なのかをイメージしてみてください。

「どんな魅力のある自分で結婚したいか」、まずはその自分を目指して、明るくハッピーに今を生きてみてください。

・どのような魅力があると自分は満足？
・どのような自分だったらステキな人に愛される？
・相手に自分のどんなところが大好きだと言われると思う？

私は2度の離婚を経て今の主人に出会っています。ノートにも「ステキなパートナーと結婚したい」という願望をずっと書いていました。何度も何度も書いてトライ&エラーを繰り返して、今では自分の理想通りの主人と、毎日幸せと言えるパートナーシップを築けています。

パートナーシップについてのポイントは、理想の相手をイメージすると同時に、理想の自分をイメージするということ。パートナーシップは相手がどんな人かというより、自分がその人といて**どういう幸せを味わっているか**が大切です。

お金持ちになった環境や巡り合う相手よりも、自分のイメージが先です！　願望実現した自分の姿を脳にオーダーして、鏡の中に映し出しましょう。

自分にインストール
憧れの俳優さんて誰ですか？
その人がもし隣にいたらなんて声かける？
かわいい！
顔小さい！
大好き♡
超キレイ！
スタイル抜群！
そのような気持ちで
それを全部自分に言ってあげてくださいね！
そして自分にインストール！
今日もサイコーにかわいい
洗面台の鏡に憧れの人の写真を貼るのも有効です！

なりたい自分に大変身！トイレトレーニング

イメージのポイントが分かっていただけたら、あとは毎日「願望が叶った自分」として暮らすのが一番の近道です。鏡の中にいる「願望が叶った自分」はどのような顔をしていて、どんな言葉をつぶやくか、セリフや表情までイメージして表現していってください。

臨場感のあるイメージこそが、願いを叶えるカギ。思わず現実と錯覚してしまうほど気持ちが入り、思わず口にする一言が目の前の現実を動かしていきます。瞬間、瞬間を「なりたい自分」で生きるうちに、理想の現実に同調する出来事が引き寄せられてきます。

これは、自分自身が願望実現をした時の感情を味わって毎時間幸せな自分で生きるということです。お金持ちのふりをしてお金を使うとか、ウソをつくとかいうことではありません。

私も最初は、なかなか「なりたい自分」をイメージすることができませんでした。気持ちがどうしても思い通りにいかない時は、まず鏡を見て笑う。女性経営者から「顔からいけ」と言われました。

口角を上げていると幸せな状態が起こっていると脳が錯覚して、幸せな状況を引き寄せるから、「形状記憶レベルに口角を上げろ」と教えられました。表情が感情を呼び、現実が変わりはじめます。まずは「顔」から頑張ってみてくださいね。

女性経営者は足りないものを見るのではなく、なりたい自分自身を忘れず、日々楽しくご機嫌で生きるために「ごきげんよう」という挨拶を習慣にされていました。

私が習慣化のために実践していたのは、「トイレトレーニング」です。願望実現のトレーニングは、日々やっていることとセットにすることで、無理なく習慣にでき、叶うスピードがどんどん速くなっていきます。

トイレに入ったら必ず願望を叶えた自分をイメージし、叶えた自分にしか言えない言葉をつぶやきます。

トイレのドアを閉めたら、そこは〝私の劇場〟です。目を閉じて映像をイメージし、願望を叶えた自分が話す言葉を口に出して、叶えた自分を毎回インストールして幸せな気分を味わってくださいね。

私は必ず「みなさん」と語りかけるようにつぶやいています。ＹｏｕＴｕｂｅの朝活動画でも毎回必ず「みなさん」と呼ぶそのイメージです。そして、画面の向こうのみなさんが今日も、より元気になって幸せいっぱいな気持ちで、願望がどんどん叶って「お金を得て最高に幸せ」と思ってくださる人生を日々生きていらっしゃるイメージをしています。私の幸せのイメージが私にとっては「みなさん」というセリフに集約されているのです。

みなさんの最高に幸せな未来のセリフは何ですか？　今日、今からうれしい気分を味わいながら、そのセリフを口にするようにしてみてください。幸せな自分を演じると、人生がみるみる好転していきますよ。

〈3冊のノート・タイムスケジュール〉

タイムスケジュール	使用ノート／方法	ルール	備考
起床	第3のノート **潜在意識ノート**	起きたらペンとノートを持ち、目が覚め切るまで書き続ける	読めなくてOK 何を考えていたか分かればOK
日中	**メインノート** 自分の本音、願いを明確にする	思いついたら書く ①数字・目標 ②方法 ③期日 ④そして、どうする	たくさん書くより回数重視で手書きする
マイナス発動時	**ネガティブノート** マイナスを潜在意識に連れていかない 書き切ってポジティブバック	何枚でも気がすむまで書く ページの下まで書く 時には破り捨てる	問題解決にも使える→ 書き切ったらヒントがどこかからやってくる 思いつきにも使う →ふとよぎった言葉を書き留めていく
習慣	**ミラーアプローチ法** 鏡の中の自分に語りかける 見る 聞く ジェスチャー	叶ったと想定して生きる 演じる **なりきりワーク** 最初はバカバカしくても **トイレトレーニング** 楽しくなったら叶うスピードUP	女子はメイク完了時ウィンドウに映る自分をチェック 夕方のトイレの時鏡の中の自分で日々、小テストをする
就寝	第3のノート **潜在意識ノート** 寝る直前にノートを書く	こういうことが今知りたい！などテーマを書く →朝の潜在意識からの情報提供につながる	寝る前と起き抜けの脳は柔らかい プラスを入れれば潜在意識にプラスがインプット

人生は思い通り！どんな気分を味わいたいの？

ミラーアプローチ法にトライしはじめたばかりの頃、私は女性経営者に「できないよりもできる」に意識を向けるよう教えていただきました。はじめのうち、私は「そうは言ってもできないよね」と思っていました。ある時、女性経営者に「私はできる自信がありません」と言ったら、彼女がこう言ったのです。

「できないと思っても、できると思ってもあなたの自由。どちらも現実になるから、あなたが選べばいい。〝できる〟と〝できない〟とどちらがいいの？　あなたはどうなりたいの？」と言われ、「できる」がいいと強く思ったのを今でも覚えています。

それからは私は「できない」に意識を向けるのではなく、「できる」に意識を向けるようにしました。
「ない」ものではなく「ある」を集めていく、「できること」を見つけていく。足りないことばかりに意識を向けていた自分が「ある」「できる」に意識を向けた時、「できる」「やれる」「うまくいく」と思えてきて、前向きな気持ちをキープしやすくなりました。

人生は思い通りになります。何を思うか？　プラスを選び、プラスの結果を作る。
「自分の幸せは、自分の良いイメージをキープし続けること以外に頑張ることはないよ」と、女性経営者はおっしゃっていました。

私も頑張っています。共に頑張りましょう！

モデルがいる人は成功3倍速！

憧れている人やライバルがいる方はラッキー！　願いが叶うスピードが速くなります。願望実現はイメージありき、自分の理想を描くには、はっきりとモデリングできる存在がいることは、成功への近道になります。

憧れは自分の理想を投影し、明確にするために使わせてもらうのです。なりたい自分に必要なイメージを促します。ライバルがいれば、あの人ならどんなことをするだろう、というイメージをしやすくなります。嫉妬してもいいんです。強い感情や強く心が動くということは、自分の理想がそこにあります。羨ましいと感じたら、何がそんなに羨ましいのか考えてみると、そこから自分の理想や自分のなりたい姿が分かってきます。

他人をそのままモデルにしてくださいと言っているのではありません。その方に自分の理想を投影し、モデルとして使えばいいのです。その人が100％理想の人でなくてもいいのです。ステキだなと思う部分だけをイメージングに活用させてもらいましょう。

人を鏡にして、自分の本音や理想を教えてもらっているのだと思い、「自分のために生かさせていただく」そう考えてくださいね。

演じ間違いにご注意を

お金持ちのように大きなお金を使い、高級ホテルで食事をしたり、ハイブランドを身につけるなどをして、お金持ちを演じようとする方が時々います。それは絶対にやめてください。無理をしてお金を使うと不安が残ります。私がお伝えしているのは、叶った自分に今なったとして日々の生活を送ることで、決して無理をすることではありません。

今の自分のままでなりたい自分を生きるというのはこういう感じです。子供が高価なグラスを割ったとしましょう。今までの自分だったら「何やってるの！　高いグラスなのに」となるところを、なりたい自分で満足していたらどう声をかけるでしょうか？「大丈夫？」とケガを心配し、優しく声をかけるかもしれません。

このように余裕のある対応ができる自分でいる、また**理想となった自分で生活することで、人との関わり方が変化し、自分の気持ちや発する情報が変わり、人生を変えていける**のです。

また、自分がモデリングしている人や自分がそうなりたい人と、全く同じよう

ミラーアプローチ法

演じるは一日にしてならず！

日々の積み重ねで
なりたい自分は創られる

なった自分を想定して
その瞬間を生きる

に行動するという、演じ間違いをする方が時々います。私も女性経営者に憧れすぎて、マネをして大失敗したことがありました。

私と彼女が違うように、モデリングした人とは性格も性質も違います。みなさんは、みなさんの持ち味を生かすのがいいのです。


モデリングする方がいない場合は、最高にハッピーが当たり前になった私がこの時どうするのだろうと考えてみてください。今はできないことができるようになって、できることが当然になったらその時のあなたはどうしていますか？

少しずつ微調整して自分の理想の姿に近づけていってくださいね。


また次のようなイメージを取り入れるといいかもしれません。

最高にハッピーが当たり前になった私が、「次に何を目指すだろう」と考えてみてください。今はできていないことができるようになって、できることが当然になったら、その次に目指すのは何かをイメージするのです。

いいパートナーに出会いたい人だったら、出会ったその人と一生仲良くやっていくことを考える。結婚という願望は叶うことを前提として、結婚して幸せになったその先を考えていくようにすると、「叶わないかもしれない」「私には無理かもしれない」という不安もなくなっていくので、イメージがより明確に描けるようになります。

自作自演の原理

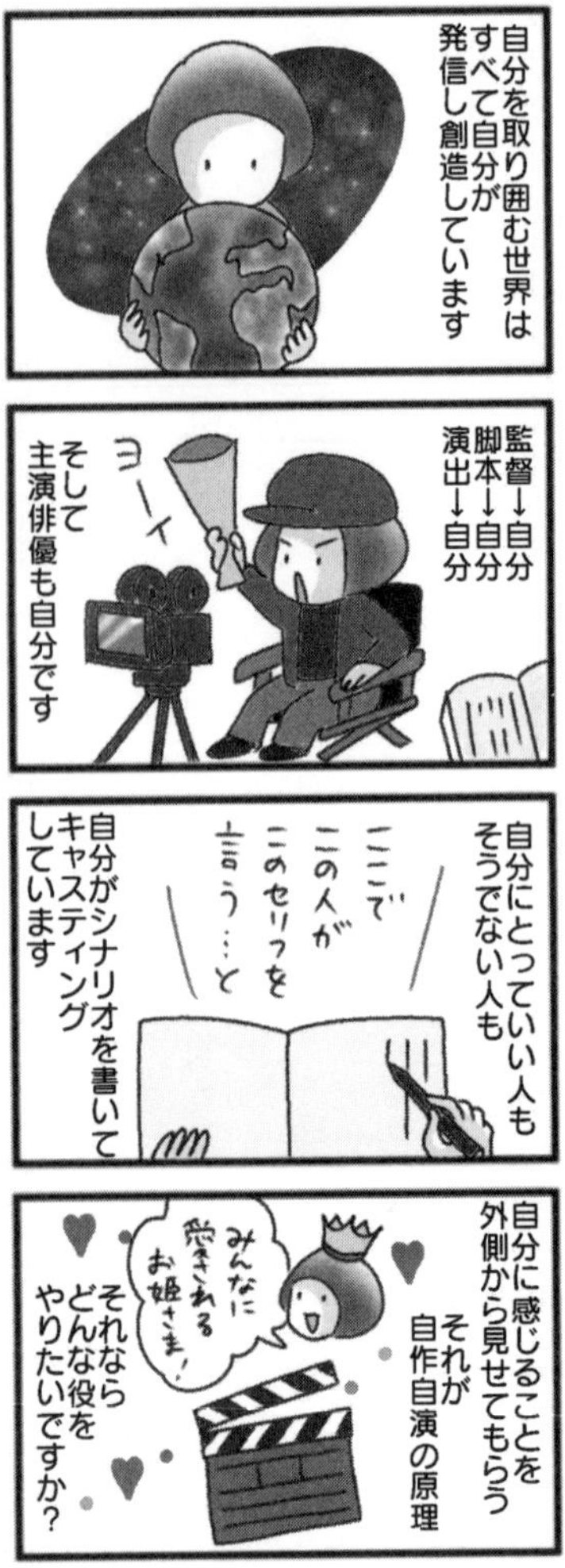
自分を取り囲む世界はすべて自分が発信し創造しています
監督→自分
脚本→自分
演出→自分
ヨーイ
そして主演俳優も自分です
自分にとっていい人もそうでない人も
ここでこの人がこのセリフを言う…と
自分がシナリオを書いてキャスティングしています
自分に感じることを外側から見せてもらう
それが自作自演の原理
みんなに愛されるお姫さま!
それならどんな役をやりたいですか?

私の枯れない金脈を見つける！

最初に言えることは、**あなたの金脈はあなたの中に必ずあります！**　ということです。必ず見つかるので、探してください。

ヒントになるのは、「自分が今までの人生で、何に一番時間とお金を使ってきたか」を考えることです。これが金脈につながりやすいです。

例えば、キレイになりたいと思って美容に時間とお金をかけてきた人もいると思いますし、何かの知識を学んできたという人もいるでしょう。そうやって時間とお金をかけて学んできたことが自分に求められるポイントになりやすいのです。

理由は簡単。**時間とお金をかけてきた分、詳しいからです。**

私の場合は鑑定士として勉強するために、自分自身がありとあらゆる鑑定を受けてきました。これまで払った鑑定料を全部合わせたら、家が一軒建つくらいのお金を払ってきました。それだけ時間とお金をつぎ込んで、お客様目線で鑑定を受け、何を言われて嫌だったのか、どんな言い方が良かったのかということを学んできました。その結果、人が本当に困った時一番大事なことは「まず元気になること」「希望を持つこと」だと気がつきました。

金脈を見つけるということは、まず「人から求められる」「人の役に立つ」方法を見つけるということです。お金と時間を使ってきたことは、その分野に自分が興味と関心を持っていて、そして実際に行動していることなのです。つまり少なくとも嫌いではないし、適性があり自分にとって重要なことの多い分野なのです。

特に時間とお金をかけて、できなかったことをできるようにした分野は、よく見直してください。その分野でまだできていない人の、お役に立てるかもしれません。

次は「何が一番大きなお金を生んだか」を考えます。

会社員の方は、「自分の貢献でお金を生む」ということがイメージしにくいようですが、会社はあなたに能力があるから雇用しているわけです。毎日同じ時間にきちんと出社してくれること、それだけでも会社にとってはありがたいことなのです。

専業主婦の方だったら、あなたが家で良いエネルギーを発することで、ご主人がいい気分で働いて出世することも貢献の一つといえるでしょう。こういう方は誰かをサポートするという仕事に向いていて、その力を家族だけではなく、必要な人に届ければ新たな金脈となる可能性もあります。

自分では自然にやっているつもりでも、人から褒められるようなことはありませんか？　人から求められ、ありがたいと言っていただけたこと、貢献できるようなことは何ですか？　ノートにぜひ書き出してみてください。あなたという存在自体に無限の価値があります。育てて、あなたの枯れない金脈を存分に発揮して、幸せスパイラルを巻き起こしてみてくださいね。

潜在意識が教えてくれる〝目の前にある答え〟

このノート術を使ってやりたいことを目指し、目標を明確にするとなぜ願いが叶うのか？　を、脳の仕組みと心理学に基づいてお伝えしますね。

脳は「スーパーコンピューター」をも超えると言われています。1秒間になんと、本60万冊分の情報を得ているそうです。ただし、そんなにたくさんの情報を処理すると命に関わるので、無意識にいろいろな自動フィルターをかけているのです。例えば次の二つです。

①命の危険に関わることかどうか
②興味があることかどうか

①はどの人にも共通している点が多いかもしれませんが、②は人によって大きく違いますよね。つまり同じ空間にいて、同じ時間を共有していても、実は見えている世界は人それぞれ全く違うのです。私はこれを「一億総別世界」と呼んでいます。

フィルターをかけて、それぞれが別の世界を見ているということは、どんな人にも見えていない部分、つまり**心理的盲点**ができるということです。

「目の前にあるのに、見えていないもの」が誰にでもあるのです。

年収1000万円の人と、年収1億円の人とでは、見えている世界が違います。見えている世界が違うと「拾ってくる情報が違う」ということでもあります。

だからといって、「年収1000万円だから、永遠に1億円の世界が見えない」というわけではありません。「年収1億円になった状態」を強く意識することで、見え方が変わります。フィルターにはじかれていた情報が入ってくるようになるのです。

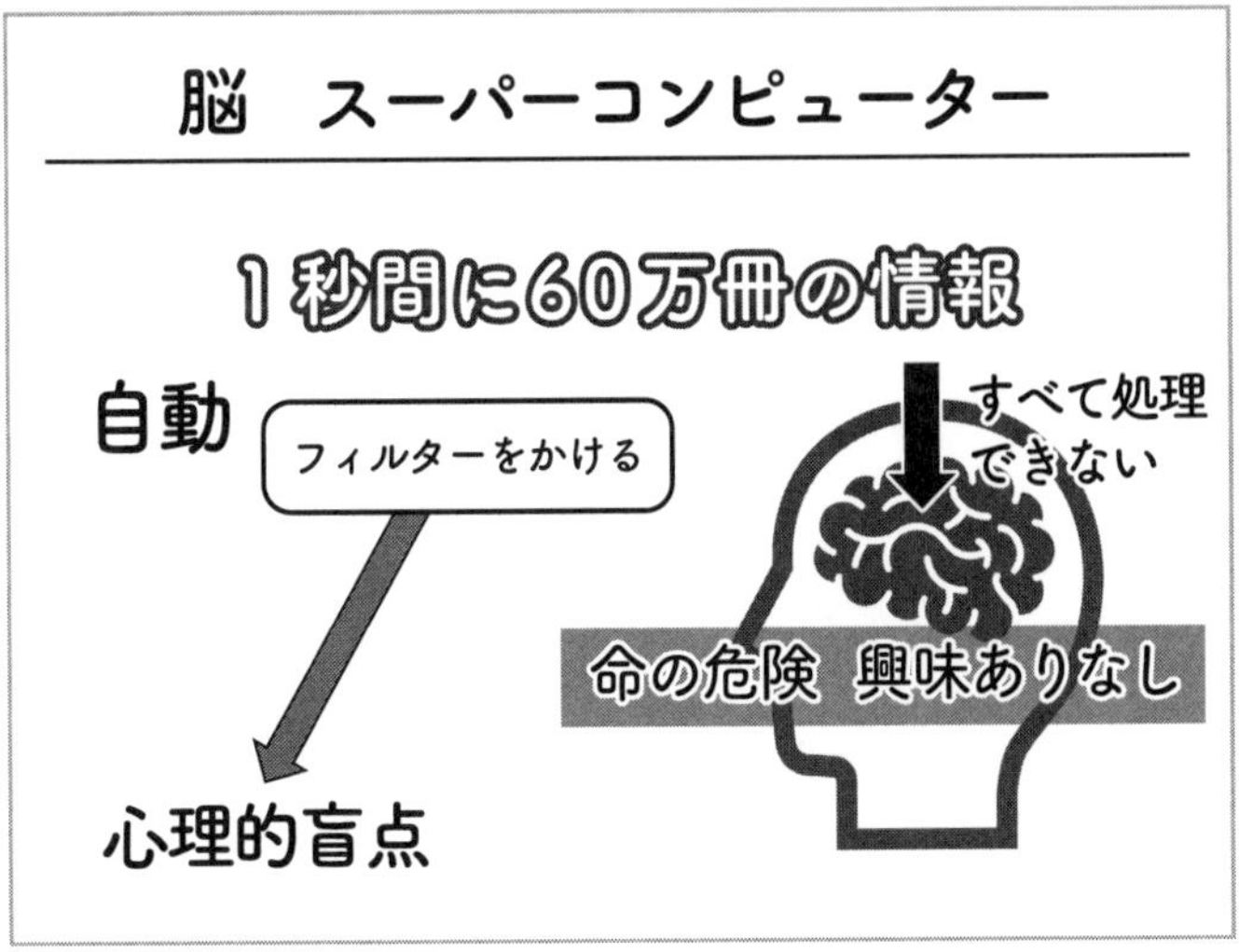

私の体験を一つご紹介しましょう。以前友人がレクサスという車を買うまで、私はレクサスという車種があることも知りませんでした。ところが友人が購入するのを見た直後から、街中にレクサスばかり走っていると感じるようになりました。

急にレクサスが大流行したわけではありません。ただ私が車種を認識したことで、自分の目に飛び込んでくるようになっただけなのです。

ノートに願望を書き続けることで、今まで見えていなかったことや意識していなかったことが見えてくる、突然願望に関係のあることが目の前に現れるという経験をする方は多いです。それは脳の仕組みを考えれば当然のことなのです。それまでのあなたにとって心理的盲点で関心がなかったようなことが、見えるようになっただけなのです。

「私はダメだ」「私にはできない」と思っている時は、レクサスの情報を得にくい状態です。目標に向かって「私にもできるかも！」「行けるかも！」と思ってイメージすると、今まではあるのに見えていなかったレクサス、つまりみなさんの幸せな未来への情報が見えてくるようになりますよ。

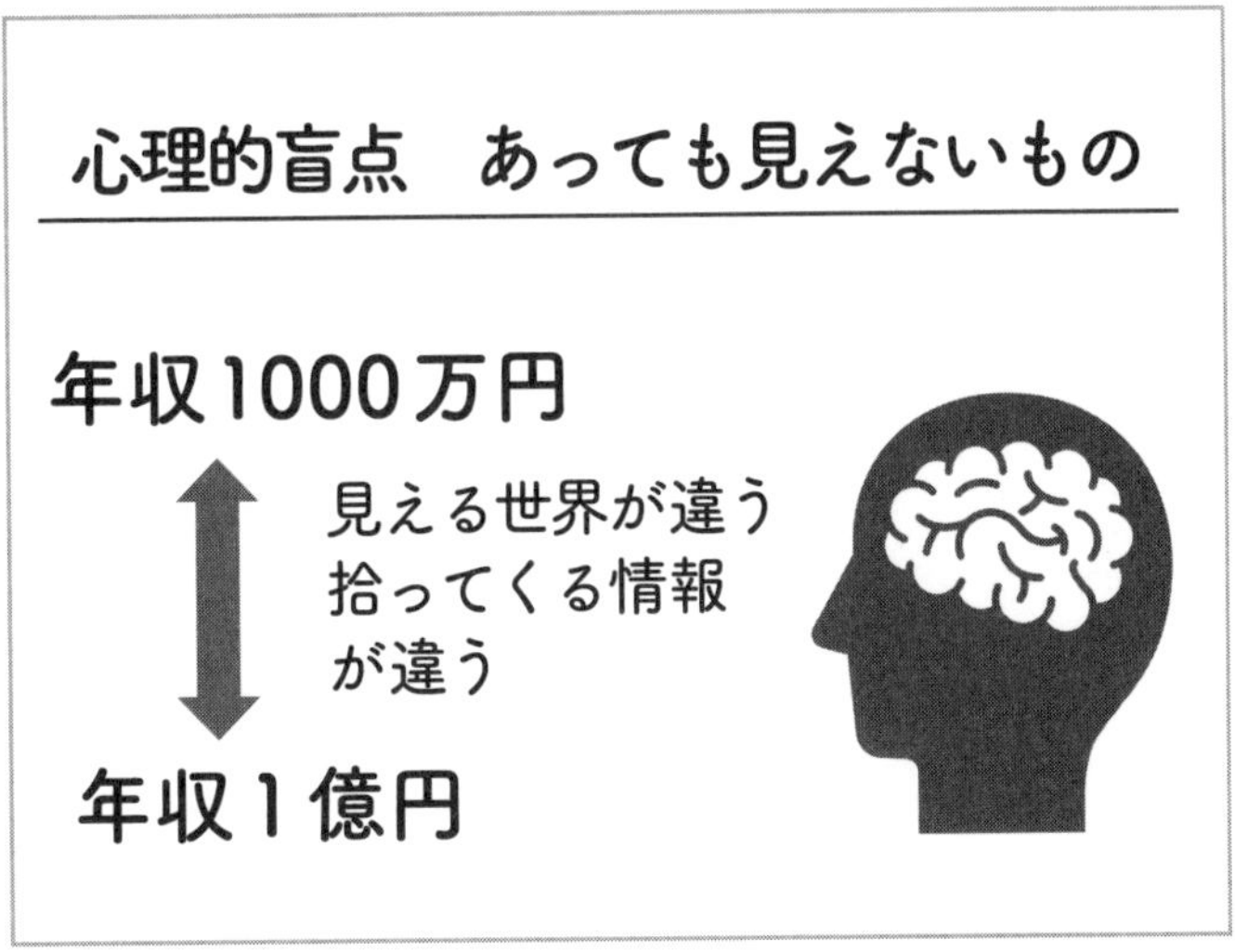
心理的盲点　あっても見えないもの
年収1000万円
見える世界が違う
拾ってくる情報
が違う
年収１億円

願いがどんどん叶う「脳内すごろく」

脳が願望を叶える仕組みの核心に迫っていきます。自分でかけているリミッターである脳のフィルターを減らして、願望を現実化するにはどうすればよいでしょう。

「できない」↓「できるかもしれない」↓「できる！」という一連の流れを説明しますので、次ページの図を参考にしながら読み進めてみてください。私が「脳内すごろく」と呼んでいる流れを順番に見ていただくと、「潜在意識でイメージしたことが現実になる」と私が力説している理由が分かっていただけると思います。

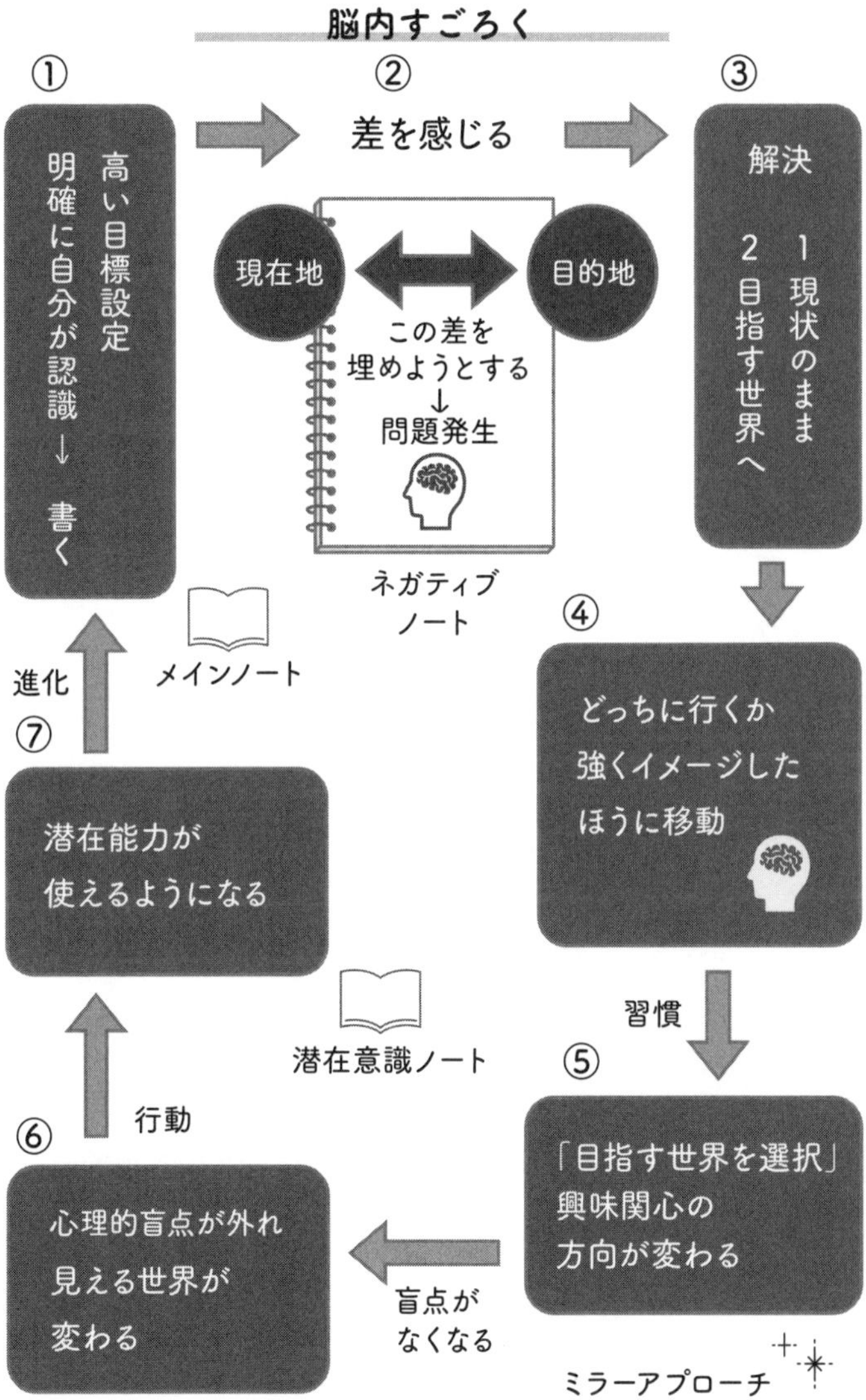

脳内すごろく
①
高い目標設定
明確に自分が認識
↓
書く
②
差を感じる
現在地
目的地
この差を
埋めようとする
↓
問題発生
ネガティブ
ノート
③
解決
1 現状のまま
2 目指す世界へ
④
どっちに行くか
強くイメージした
ほうに移動
習慣
⑤
「目指す世界を選択」
興味関心の
方向が変わる
ミラーアプローチ
盲点が
なくなる
⑥
心理的盲点が外れ
見える世界が
変わる
行動
潜在意識ノート
⑦
潜在能力が
使えるようになる
進化
メインノート

①目標設定→願望を日々強く意識する

すごろくのスタート地点は、ノート術の最初のステップ、メインノートです。まず目標設定をして、毎日書くことで自分の願望を明確に認識します。ここでは高めの目標設定をすることが大切です。当たり前に叶う目標や、できたらいいなと本気で思っていない「なんちゃって目標」だと、この後に説明する差（ギャップ）が生まれないので、ネガティブが発動しません。

高く明確な目標、できるだけ数字を書く。さらに「いつまでに」と期日を決めることで「私はこれを目標にしてるんだ」ということを脳が強く意識し、願いを叶えるために脳が働きはじめます。

②脳が現在地と目的地に差（ギャップ）を感じる

目的地を強く意識すると、今の現在地と目指している目的地の差（ギャップ）を脳は強く感じるようになります。

現実で月収30万円の人が、10倍の３００万円にしたいと意識すると、脳は現在地と目的地に差を感じて、その差を埋めようとするのです。

ここで差を埋めようと現在地にとどまるか、目的地へ移動させるか決めさせようとして心理的陣痛を起こします。心理的陣痛とは、願いを叶えるためにネガティブを感じて、無理な理由を感じてしまったり、暗い気持ちになったり、実際足止めされたりすることです。

お母さんが何かを目指して頑張ろうとしている時に限って、子供が熱を出し、足止めされるということがあります。それも潜在意識が引き起こしていると私は考えています。問題が発生したら、もう一度自分は「どうなりたい？」と自身に問いかけましょう。

③差がある状態を解決するために脳が動き出す

現在地と目的地にギャップがあると、脳はそのギャップを解決しようとします。解決方法は二つあって、一つ目は現状維持。現在地に引き戻して、変化しない状態をキープします。二つ目は目指す世界への変化です。目的地へ移動しようとして、現状を変えようとしはじめます。

④脳が〝より強くイメージした〟方向に動く

現状維持と目的地への移動、この二択を脳はどうやって決めていると思いますか？
実は、より明確に〝強くイメージした〟ほうに動こうとします。

現在地の「できない自分」を意識してしまうと、そちらに戻ってしまいます。でも願望が叶っている「できる自分」を強くイメージすることができれば、脳はそちらに向かっていくものなのです。

私も20年前に母子家庭で子供を育てていた時は、不安から、起きてもいないことばかりに意識を向けていた話をしました。今思うと自分自身のマイナスイメージが思った通りになっていたのだと思います。自分の本当の願望に意識を向けることで、マイナスの状況から良い状況へ向かっていくという現象が実際に起きました。

ですから、自分が望んでいない未来をイメージしてしまっていないか、もう一度点検してみてください。

ミラーアプローチ法で、「願望がすでに叶った自分を強くイメージして」と強調しましたが、脳がどちらを選択するかは、自分の意思とは関係ありません。イメージです。目的地にいる自分、幸せな未来のイメージが明確かどうかで決まっています。

脳内では「やっぱりダメだった」と諦めても、「できた！」「やったー」と達成しても、どちらでも脳は脳内麻薬「エンドルフィン」を分泌するそうです。どちらに強くイメージを持っているかが勝負を決めます。「できた自分」のほうに引っ張っていきましょう。もし諦めてしまっても、また立て直して、再チャレンジすればいいのです。

目標に期日を組み込んでおくと、脳はその期日までに間に合わせようとして、期日が近づくにつれ、大きな揺さぶりをかけられます。これが心理的陣痛。現状維持なのか、変化なのかを選択をするために、自分の本気度を試されるような、強烈なネガティブがやってくると思います。ここが分岐点、ネガティブは叶う可能性のある人しか感じません。第4章の「ネガティブを味方につける5ステップ」を見直して、最高にハッピーな未来をGETしましょう！

⑤目的地を強く意識すると見える世界が変わる

目的地を強くイメージすると、脳は見える世界を変えはじめます。月収300万円を目指すと脳が決めたら、月収300万円を得られる情報を見せるのです。意識が変わり、拾う情報が変わってくるので、それまでの心理的盲点がなくなり、願望を叶えるために必要な情報がどんどん見えはじめ、実現への道が次々と開けていきます。

願望実現のために目の前にあるチャンスをつかむには、イメージの方向がそちらに向かっていることがとても大事です。ネガティブノートなどで、自分の思いグセであるフィルターを外して、成功へのチャンスを見つけましょう。大切なのは、願った世界をすでに叶ったかのようにイメージすること。そして方法が分かったらどんどん取り組んでみましょう。

⑥心理的盲点が外れる

心理的盲点が外れると、行動が衝動に変わります。今まで全く気づかなかった駅前の教室が目に留まったり、たまたま見た記事の中に、これまで見えていなかった方法を見つけたりする。絶対にやりたい！　できる！　と思っていれば、体は勝手に動きはじめます。みなさんの潜在意識が見える世界を変え、目的地への最短ルートを示してくれたら、流れに乗ってＧＯ！　潜在意識が見せてくれた情報に従って、突き進んでいくだけです。

⑦潜在意識を使えるようになる

ここまでくればだんだん願いは叶って当たり前だと気づきはじめ、目標を明確にすると世界が変わり、どんどん叶う道が見えて、面白いほど思い通りに叶うようになります。私の友人の中には、あえて無理めの目標を設定し、自分はできると信じ、脳に見える世界を変えさせて、潜在能力を開拓しようとしている人がいるくらいです。

①～⑦を一周すると、次の願望も叶えやすくなります。これを私は脳内すごろくの「叶えグセがつく」と言っています。スポーツや勝負事で勝ち方を知っていることを「勝ちグセがつく」と言いますよね。願望にも「叶えグセ」というのがあります。願

望が叶ったら、普通のすごろくは上がりですが、この脳内すごろくではすぐに次の目標設定をして、どんどん願いを叶えていきましょう！

一流のスポーツ選手はイメージトレーニングのコーチングに数百万円をかけるといいます。イメージというのはそれほど結果に影響する。何を強く思うかによって現実は大きく変わってくる。ノート術はこの数百万円のトレーニングを、自分自身で実行するメソッドだということです。

心理的陣痛が起きても目的地に集中する

高めの目標設定をしたら、心の雑音を消して目的地に集中することが大切です。ミラーアプローチ法を使って、行きたい世界のイメージを明確に描き続けてください。

何度もお話ししているように、生き物の本能として、脳の仕組みとして、必ずネガティブが発動し、「できるかもしれない」「無理かもしれない」というせめぎ合いが起こります。

私はこれを「心理的陣痛」と呼んでいます。大きな願望が叶う前、自分のブレイクスルーが起きる前には、必ず強いせめぎ合いが起こります。

それでも、「目標設定⇒クリア」という脳内すごろくを習慣にしている人であれば、心の中の雑音を追い出し、目的地に集中することができるのです。日頃から潜在意識を鍛えて、「叶えグセ」をつけることで、ここは絶対に叶えたい！　という大きな目標を実現し、人生のステージが大きく変えられるのです。

マイナスの正体
新たに願望や目標を持ったとき
月収100万！
やるぞ!!
一見、遠回りに思えるできごとが起こることがあります
君、明日から来なくていいから
ええっ
社長
ただそれは、自分が思う最短ルートより最善の方法で
ゴール
希望
最短コース
独立
ヘッドハンティング
転職
最善コース
願いが叶うために起こっていること
ぱっと見マイナスに見えるその流れも喜べると
ぐぐぐぐ…
心の筋肉がきっと鍛えられていきます！

未来のあなたを助けるのは今、頑張っているあなた！

私は20年間3冊のノートを書き、ミラーアプローチ法をやり、脳内すごろくを回して、女性経営者の言う「正しい努力」をここまでしてきました。昔はとてもなれないと思っていた理想の自分になれて、すごく幸せです。

そして「オレンジの人」と呼ばれている自信のなかった私が、女性経営者から教えてもらったメソッドで、人生を変えようと懸命に取り組んでくれた自分に、心から感謝しています。

私は、**人は必ず自分の手で自分を幸せにできる**と言い切れます。あなたが今、頑張ろうとしていることは、必ず未来のあなたを助けます。

あなたには無限の可能性があります。ご自身を信じて**「できる！　やれる！　うまくいく！」**を繰り返し口にしながら、自身の持てる力を存分に発揮してください。

ご自身の明確な目標を目指し、実力をつけ、やり切り、叶え、自分の力と可能性をとことん広げて頑張った先に、あなたの手を取り、あなたの力を必要とする人が現れます。


あなたが人から求められる人になった時、信じられないチャンスが来て、思いがけないすごい情報を持っている人と知り合えます。今までの自分では手の届かない世界を知り、人生のステージが変えられるチャンスを感じます。その時、今までの自分が培ってきた努力や能力で、その手に届かなかった世界で生きられるようになる！　このチャンスを生かせるのは、あなたの力です。

未来の自分を助けるのは、今頑張っているあなた自身です。頑張ってみてください。やり遂げてみてください。必ずうまくいきます！

あなたの努力は無駄にはなりません。ご自身を信じてください。あなたの幸せを一番に誰より願っているのは、あなた自身です。あなたは幸せになると決めて生まれてきたのです。

人生はたった一度きりです。
３６５日24時間あなたの最強の味方であるあなた自身と二人三脚で、最高に幸せなたった一度の人生をデザインしてください。ご自身を信じて!!

第7章

ノートで夢が叶った！リアル体験談

私が得たのは「自分の仕事」と「自信」！
――マキさんの場合　その1

私がノート術と出会ったのは、二人の子供を抱えて、シングルマザーとして介護の仕事をしていた時でした。

有益な資格があるわけではなく、とにかく子供を育てるためにいろんな仕事をしていたけれど、自分にしかできない仕事をしたいとずっと思っていました。自己啓発セミナーやスクールに通い、ようやく「絵が描ける」という資質を見つけたのですが、何をどうしたら安定した仕事につながるのかが分からずにいました。そんな時、お金に関するFacebookライブで一華さんのことを知りました。

一華さんはとてもパワフルな方で、自分の力で稼ぎたい！　と思っていた私は、この方に相談したいと思いました。当時、一華さんは運命鑑定士として個人鑑定もされていたので、思い切って鑑定を申し込もうとしました。

すると、一華さんから「稼ぐノート術講座」をすすめられたのです。一華さんにとっては安いほうをおすすめしてくださり、「なぜノート術なのだろう？」と不思議に思いました。

当時の私を振り返ると、本当に自分に自信がなくて、軸もブレブレの他力本願マインドでした。おそらく私が個人鑑定を申し込んだ時に、「一華さんになんとかしてもらおう」とすがる気持ちでいたのが、お分かりになったのだと思います。

一華さんは「自分自身で叶えられるよ」ということを伝えたくて、私にノート術をすすめてくださったと今では思っています。

最初にノートを書きはじめた頃は、自分の現在地も目的地も分からない状態でした。長いこと自分の願望を押し込めていたため、ぼんやりとしか出てこず、出てきたかと思えば「この仕事でこれだけ稼がなければならない」という概念でガチガチでした。

ですが、一華さんが何度も、とにかくワクワクして楽しんで書くことが大事であること、イメージング方法や意識の持ち方を丁寧に教えてくださいました。そのおかげで、少しずつ願いが出てくるようになりノートを書く時間が楽しくなりました。

その時の私の目標の一つは、漫画の仕事を確立して安定した収益を出すこと。勇気も必要でしたが、欲しい月収も明確にしました。実はノート術を始める前から、知り合いや友達づてに漫画の仕事をいただいてはいましたが、自信のなさから、なかなか思うような値段がつけられずにいました。

ですが、受講して1カ月もしないうちに、今までよりも一つ桁の大きい仕事の依頼が入ってきたのです。

目的地を決めてそこに向かう過程で、一つずつステージが上がり、見える世界が変わったのが分かった瞬間でした。

それからも介護の仕事を続けつつノートを書いていましたが、少しずつ漫画の収入が介護の収入を超えるようになり忙しくもなっていきました。無償で描いた漫画を喜んでもらい、ひょんなことからご縁につながったりと、仕事の幅やキャッシュポイントも増えていきました。完全にフリーランスに転身したのは、ノート術に出会ってから約1年後のことでした。今では漫画クリエイター＆プロモーターとして、主に漫画広告やイラストの講座などを手がけています。

ノートに願望を書いて自分の目で見ることで、脳みそが叶う道筋を見せてくれる……。私にとっては自分で叶えられたと実感することで、自分に自信を持てたのが最も重要なことでした。

人生が変わる！　を体感した一人として、ノート術をより多くの人に届けたいと思い、ノート術講師にもなりました。そして今度は、受講生の方々が素晴らしい体験を聞かせてくださるようになり、改めてこのノート術のすごさと、お伝えできる喜びを感じています。

何もないと思っていた他力マインドの私も変われたのだから、みなさんにも絶対にできるはず。このノート術で一人でも多くの人に自分の枯れない金脈を見つけてもらいたいと思っています。

ノート術体験談…マキさんの場合　その1

離婚したとき
身ひとつに子ふたり
私には家も仕事も手に職もなかった
子どもに不自由な思いをさせたくないと必死でいろんな仕事をしてきたけど
いつか絶対自分にしかできない仕事で稼いでみせると思っていた
バリ バリ
でも今ひとつ自信が持てずだれかに依存してしまう
自分の声
ビジネスの前にメンタルをどうにかしろ！
なんとかして変わらなければと思い
私は自分探しの旅に出た（実際はただのセミナージプシー）
自己啓発セミナー
才能開花スクール
フラ フラ
今なら分かる 他力に頼っていたために何をやっても入らなかった
そんなとき出会ったのが稼がせ屋一華さんの「稼ぐノート術」

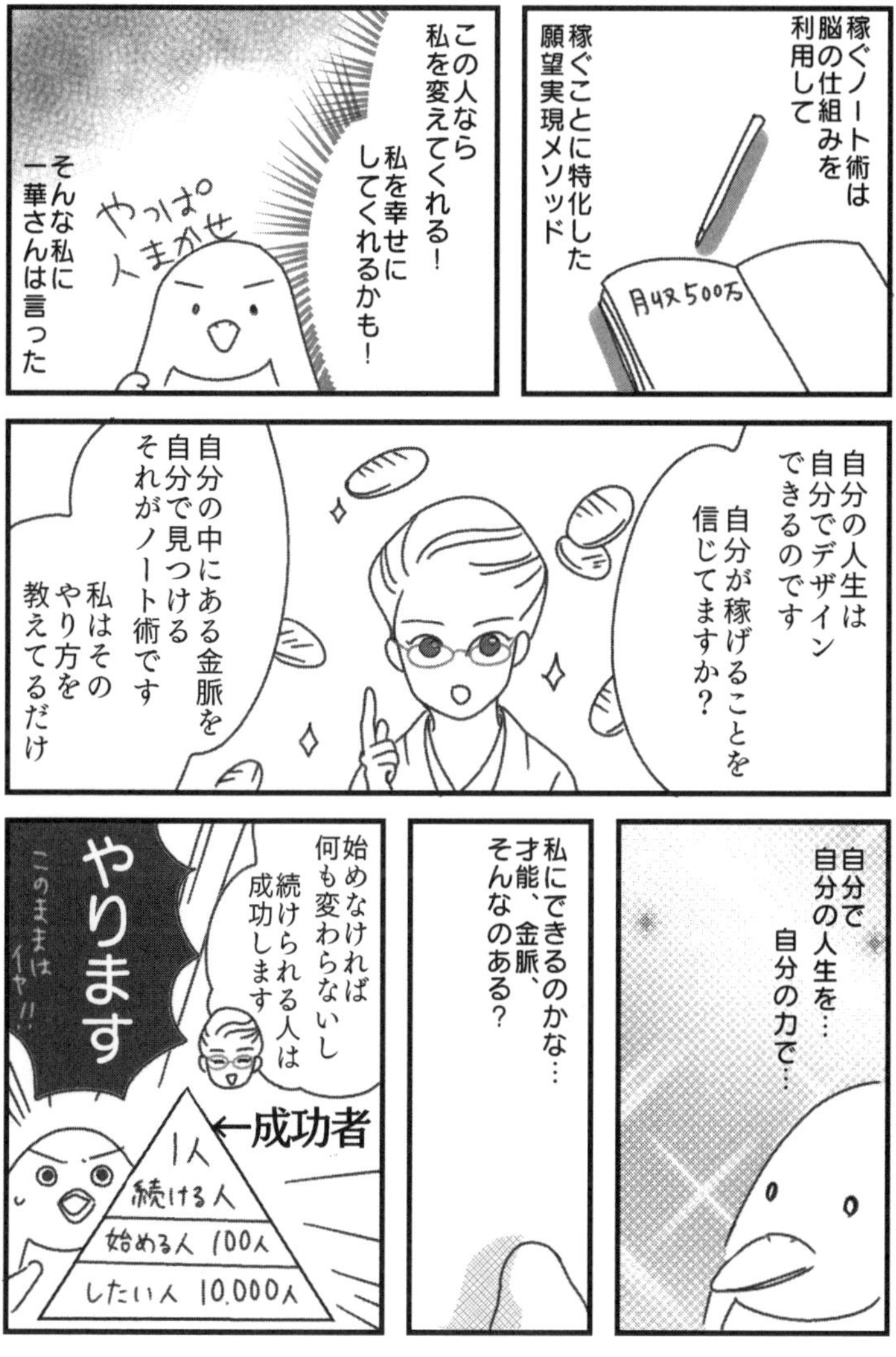
稼ぐノート術は
脳の仕組みを
利用して
稼ぐことに特化した
願望実現メソッド
月収500万
この人なら
私を変えてくれる！
私を幸せに
してくれるかも！
やっぱ人まかせ
そんな私に
一華さんは言った
自分の人生は
自分でデザイン
できるのです
自分が稼げることを
信じてますか？
自分の中にある金脈を
自分で見つける
それがノート術です
私はその
やり方を
教えてるだけ
自分で
自分の人生を…
自分の力で…
私にできるのかな…
才能、金脈、
そんなのある？
始めなければ
何も変わらないし
続けられる人は
成功します
←成功者
1人
続ける人
始める人 100人
したい人 10,000人
やります
このままはイヤ!!

まず
紙に願いを書き出し
自分の思いを明確にし
現在地と目的地を
ハッキリさせる
ところから
今までの私はこう
私
どうしたら
いいですか
どこにいったら
いいですか
目的地
おしえて
しらんがな
それをこう変えた
あそこに！
いつまでに
行って
これをしたい
から！
よろしく!!
了解
自分の持ってるものを
総動員して
目標
もうちょっと…
知識
スキル
経験
人脈
環境
来たイメージには
ひたすら行動
ぴゅー
出てくるネガティブと
うまく付き合いながら
やっぱ
ムリかも…

脳内すごろくが回りだすと
あれ…もしかしたらできる？
見える景色も変わってくる
ステージアップ！
私は思った
これはふんわりした願望実現メソッドじゃない
脳科学を使ったメンタルのトレーニングだと
一緒にやっていた仲間もどんどん願いを叶えていった
最高月商あっさり達成！
お笑い芸人とテレビに出る夢叶ってびっくり！
ノートに書いた100万円が入ってきた！
私は念願だった自分の才能で稼ぐ仕事を手に入れたことで
自分に自信を持つことができた
I can do it！
私にしかできないノート術があるようにあなたにしかできないノート術があります
ポイントはわくわく感♡
あなたの願いはあなたによって叶えられる
あなたの金脈を見つけてみませんか？
金脈みっけ！

願望達成直前に大きなネガティブを乗り越えた
――マキさんの場合　その2

シングルマザーとして子供を育てながら、もう一度、今度は幸せな結婚がしたい！　と思っていた私は、日々ノートに「○月○日までに結婚！」と願望を書いて、アンテナを張り、婚活をしていました。

ある時、結婚相談所をすすめられたものの、会員登録しようか迷っていたところ、突然自宅に電話が入りました。なんと、息子が交通事故に遭って病院に運ばれたという知らせでした。

こんな連絡が来て、気が動転しない母親はいません。ましてや私は婚活に気を取られていたので、自分が浮かれていたせいでこんなことになったのだと、自分を責めました。関西の自宅から、息子が遊びに行っていた九州の病院に向かう道中、ずっと「私のせいだ」と震えていました。

「願望が叶う時には、大きな揺れ戻しが起きて、ネガティブが発生する」と一華さんから聞いていた私は、この状況をどう受け止めたらいいのか分からず、道中ずっと、メールで一華さんに助けを求めていました。

一華さんからの返事は、「人生が大きく変わる前のターニングポイントに違いない。自分の意識は自分の担当！　どうなりたいのか強くイメージして！」というものでした。

女性として自分が幸せになったら、子供が不幸になるという無意識があったから、一番大切な子供にトラブルが起きるという形でネガティブが発生している。以前の私だったら、目の前のトラブルに動揺して引き返してしまっていたかもしれませんが、目的地を強く意識して、大きな岩を動かすような気持ちで、子供と一緒に幸せになる未来をイメージしました。

1カ月後、息子は無事に退院して、私は今の恋人に出会うことができました。今では息子と彼も仲良しで、あの時に願った幸せな毎日を過ごしています。

今振り返るとあのトラブルは、願望を叶えようとする脳が引き起こしたものだったのだと思います。「イメージしたことが現実になる」ということを、身をもって体感した今は、トラブルやネガティブな気持ちもうまく利用して、願望を叶えています。

ノート術体験談…マキさんの場合　その2

幸せな結婚がしたい！
という願いのもと
○年○月までに
結婚!!
じ…っ
名刺
結婚相談所を
すすめられたものの
登録するかしないかで
ずっと迷っていた
登録期限が
明日に迫ったその日
私はまだ
煮え切らずにいた
どうしよう
かなー
夕方
仕事をしていたら
092-355-XXXX
見慣れない複数の番号から
立て続けに電話が入った
マキさんの携帯ですか？
こちら
○○市立病院です
□□さんは息子さんで
間違いないですか？
??
…はい
実は
交通事故に遭われて
こちらの病院に
救急搬送されています

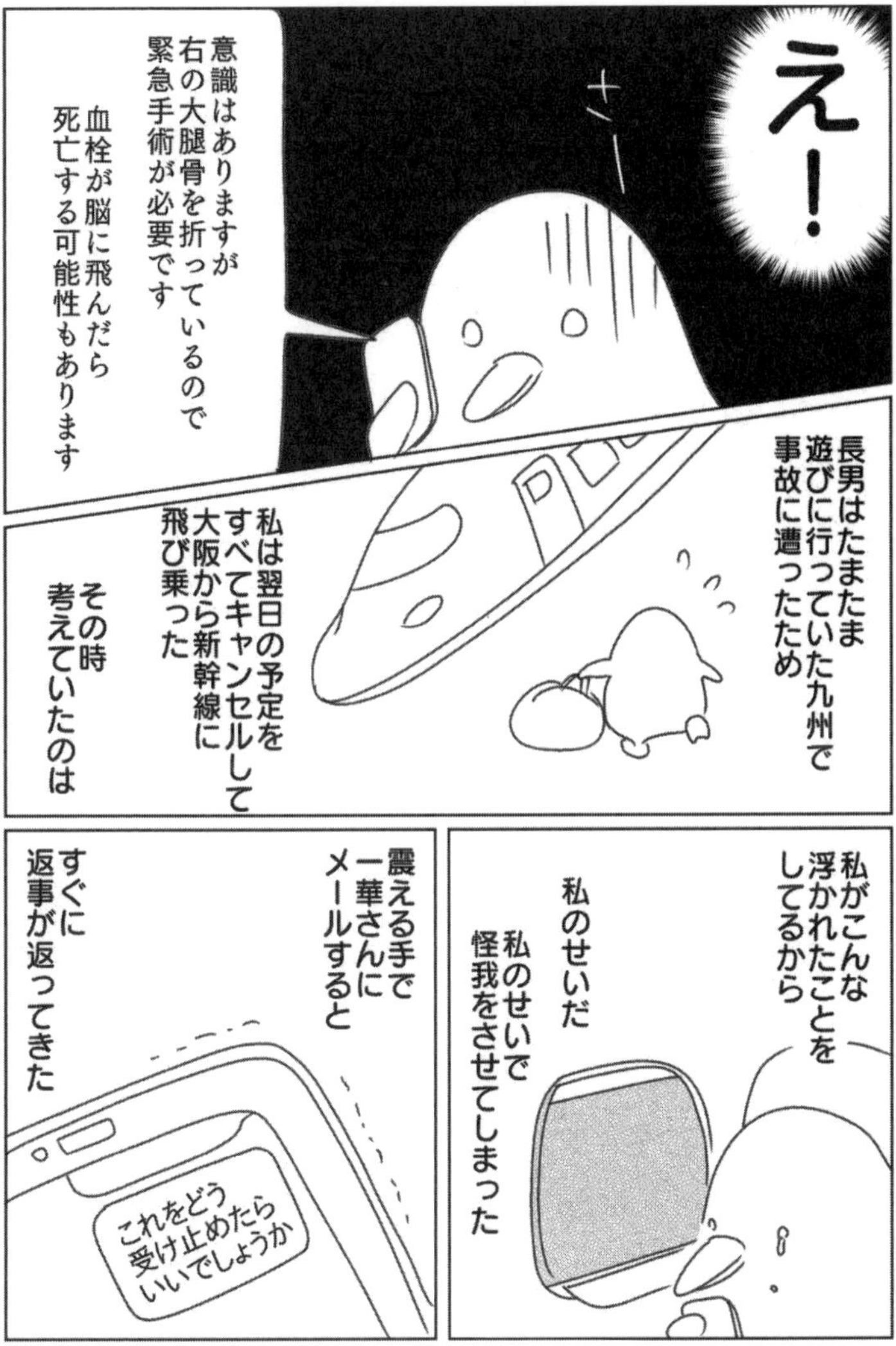
えー！
さー
意識はありますが
右の大腿骨を折っているので
緊急手術が必要です
血栓が脳に飛んだら
死亡する可能性もあります
長男はたまたま
遊びに行っていた九州で
事故に遭ったため
私は翌日の予定を
すべてキャンセルして
大阪から新幹線に
飛び乗った
その時
考えていたのは
私がこんな
浮かれたことを
してるから
私のせいだ
私のせいで
怪我をさせてしまった
震える手で
一華さんに
メールすると
すぐに
返事が返ってきた
これをどう
受け止めたら
いいでしょうか

これは
ターニングポイントに
間違いないと思います
起こる出来事が
大きければ大きいほど
人生は大きく変わる
だからこそ
こういうことを起こして
揺り戻そうとしていると…
わかります
でも私のせいで
こうなったのではと…
誰のせいでもないの
誰の人生も
どうなれば
ベストですか?
自分の意識は
自分担当よ!
必ず思い通りになるのよ
どうなればいいの?
私は
一華さんみたいに
愛されて
幸せになりたいです!
そうよ
うまくいく
必ずそうなる
GoGo!
マイナス
ネガティブ
感じたら
すべて横において
理想だけを
強く意識して
理想
ネガ
マイナス

自分を信じてくださいね！
がんば！！
一華さんの言葉に私は腹を決めた
前の私なら引き返していたけど何がなんでも向こう側に行く
力ずくでも目的地のほうに流れを動かしてやると
ぐおおおお
現実
そしてその1カ月後長男は後遺症もなく退院できわたしは今の恋人に出会うことができた
ん？
それはノートに書いた理想の恋人とほぼ同じだった
にやっ
発生したトラブルやネガティブな気持ちをうまく利用して
達成したときのイメージを描き続ける
そうしていくと自分の世界がきっと変わります
Let's image!
私たちはみんな夢を叶えられる

80%の収入アップを実現。パートには無理？ の制約はずしに成功！
——ゆずこさんの場合

あるマインドコーチの方が登壇するライブ配信に登録したら、講師の一人として一華さんが参加されていたので、ノート術についても知りました。

初めはノート術講座を受けるつもりはなかったのですが、どこかに寄付をしたいと考えている時に、一華さんが講座の参加費をすべて寄付するというお話を聞いたのです。どこに寄付するか決めかねていたので、寄付活動にも参加できるし、ノート術についても学べるということで、申し込むことにしました。

参加者のみなさんはご自分で事業を立ち上げている方が多く、一華さんの話を聞いても、ノートに書くだけで願望が叶う？　すでに稼ぐ方法がある人向けなのかな？　としっくりきませんでした。

当時の私は官公庁でパートとして働き、17年目を迎えていました。同一労働同一賃金のおかげで給料は引き上げられてきましたが、一気に収入が増えるような環境ではありません。突然お金が入るとしたら、「宝くじが当たる」くらいしか思いつきませんでした。そして最初はノートを前にしても、何を書いていいのか分かりませんでした。

今思うと、私の中には「一生懸命働かなければお金は入らない」という強い思い込みがありました。自分にブロックをかけすぎていて、「人並みの生活ができて、安定しているなら十分幸せ！」と自分で自分に枠を作ってしまっていたのだと思います。

それでも書いてみないと始まりません。叶うか叶わないかは別として、今の自分がもっと良くなるためにはどうしたらいいか？　と考えました。スタートから4日かかりましたが、ようやく「（翌年の）4月から月収〇〇万円」と具体的な期日と金額を書くことができました。

すると、ビックリすることが起こりました。ノートを書いて1週間後に上司から声がかかり、「新しいポストを作ることになったから、ステップアップしてみないか？」とチャンスをもらったのです。月収はなんと30％もアップしました。

月収以外にも、私の中で変化が起きていました。ある日同僚と話していて、「17年勤めたあなたのお給料が新人さんとほぼ同じなんて、悔しくない？」と言われたのです。

今までは自分の仕事に対しての対価だと思っていたので、特に悔しいなどとは思っていなかったのですが、なぜかその言葉が胸に引っかかりました。そして、モヤモヤを解決するには、自分がステージを上げるしかない！　と強く思いました。

それでもノートに書いた月収にはほど遠く、やはり難しいのかな……と思いはじめていたのですが、ノート術講座の3回目が終わったその日にまたまた奇跡が起きました。さらに上のポストが空くので、面接を受けてみてはどうかと打診があったのです。一気にポジションが2段階アップするなんて、想像もしなかった出来事です。

「できる」「できない」は自分で判断せず、上司が信頼してすすめてくれたのなら、自分を信じてやってみよう！　と面接を受け、無事合格。翌年の4月から月収がさらに上がり、ノートを書く前と比べると80％もアップしていました。

公務員ではないのでパートのままですが、収入が増えたこともさることながら、17年間の働きぶりを高く評価してもらったことがとてもうれしかったです。

自分が望んでいることがはっきりすると、その方向に向かっていく。現実は自分の思った通りになると実感できる。それがノート術なのだと思います。

ノート術体験談…ゆずこさんの場合

パートで働いている私に
ほかに稼ぐ方法が
あるわけでもない
突然お金が入るとしたら
宝くじが当たる
くらいしか
思いつかない…
まずはやってみて！と
言われたものの
何を書いたらいいか
分からない…
この時私は、
自分の人生に対し
満足したふりをしていました
一生懸命働かなければ
お金は入らないという
思い込みもありました
でも
叶う叶わない関係なしに
今の自分がもっと良くなるためにはと
とりあえず
登ってみよ
4日目にして
初めてノートに
向き合いました
信じられなくてもいい
自分がワクワク妄想して
楽しくなれる
毎日書いていると
あながち嘘でもないように
感じてくる
私は、
4月から月収○万円と
書きました

その1週間後
上司から
昇進のお話を
いただきました
新しいポストを作るから
ステップアップを
してみないかと
年収は30％アップ
パートの身としては
信じられないチャンスです
さらに後日、
その上のポストの打診があり
チャレンジを決めた私は
面接にも合格し
結果、4月から
年収が80％アップ
することが確定
すべては偶然かも知れません
宝くじしか
方法ないと
思ってたのに……
でも、
自分の望みがはっきりすると
その方向に向かって
やるべきことがわかる
私は
こうなりたい!!
自分を信じて
行動とチャレンジを
続けると
ぜったい
あっち側に
行く!!
ごぉぉぉ～
現実は
自分の思った
通りになる
ノートはそれを教えてくれます
あなたの
宝の地図
見つけませんか？

一華さんに出会ってノート術を学び、人生が激変しました
――ライフコンサルタントMさんの場合

起業をして自分で稼いでいきたいと思っていた時に一華さんに出会いました。「ノートを書いているだけで、望みが叶っていく！」だなんて、絶対にノート術を受けたいと思ったのです。

最初はもっとフワフワしたものかと思っていましたが、いざ受けてみると、脳科学や心理学を基にしっかりと根拠のあるものでした。だからこそ普通の主婦だった私でも、望みを叶えていくことができています。

まず叶ったことは起業です。右も左も分からないまま始めた起業でしたが、ノートに目標を書くことによって、いろいろなご縁をいただきスムーズに起業することができましたし、しばらくすると当初の売り上げが目標金額を超えて、次の願いも叶いました。

他には、欲しかったパソコンが希望の値段で購入できたり、行きたい場所に行けたり、欲しいものが手に入ったりして、うれしい出来事がよくあります。

驚いたのは、見たままの物が手に入るというところです。脳の仕組みのすごさを実感しました。

ノート術を習いはじめた頃、実は夫との不仲に悩み、別れたいと思っていました。しかし、ノートに書いていくうちに、本当はどうしたくて、どうなりたいのかが明確になっていき、私の本当の願いは、夫と別れたいのではなく、仲良くやっていきたいことだと分かりました。この本当の望みが分かったからこそ、そこへ向かうための情報が入ってきて、その情報を取り入れ行動することで、私は夫との仲を修復できたのです。

この望みが叶ったことが私の一番の喜びです。パートナーシップがうまくいくことで、ビジネスもうまく回りはじめました。

このノート術は脳の仕組みを知ることで、より自分を知ることができるようになります。自分を知り、本来の望みが分かるからこそ、実現も早いのだと思います。

誰にでもできるものなので、たくさんの人に望みを叶えて幸せになってほしいです。

ノート術で脳内すごろくが回り出した私の体験。今でも十分満足からの卒業

――自営業Kさんの場合

一華さんとの出会いは、友人から「とても素晴らしい方がいらっしゃるよ！」とすすめられ、朝活動画を見るようになったのがキッカケです。

当時の私は起業をして10年ほど。仕事はそこそこで、家庭も幸せだから、特に大きな不満もなくそこまで稼ぐ必要もないし、今のままで十分満足！　と思っていました。

ですが、一華さんの熱気あふれる朝活のライブで「自分はこれからどうしたいか？」と問われ続けるうちに、〝さらに〟自分の人生を充実させていくためにはどうすればよいのか？　と考えはじめるようになり、そんな時にこのノート術を知りました。そして、今ま

で書いてきたことはただの願望の羅列で、これでは願望は叶いがたいよね……ということが分かりました。

期限を設けることや、願望を叶えた時のイメージや感情を大切にすることで、自分の願望が明確になり、私の願望実現のスピードは速くなりました。同時に今まで叶ってほしくなかったことが現実化してきた仕組みを知ることになり、そこで自分の脳のすごさを自覚することもできています。

書く習慣がついてくると、どんどん楽しくなり、目的を持って書くことも身につき、自分がこれからどうしたいのか？　を掘り下げることもできるようになってきました。

また、ノートに感情をのせて書けるようになると、夢物語のようなことが私生活で叶うようになっていきます。それは憧れている人と仕事をし、プライベートでもお食事やお出かけにご一緒することでした。そして、うれしいことに仕事でもノートに書いた通りの最高月商を達成することができました。

ノートに書いたことがどんどん叶うようになり、脳内すごろくが動いていることを実感しています。

今では自分の枯れない金脈が呼び水となり、そのおかげで信用貯金も増え、自然と助けてくれるステキな人にも恵まれ、願っていた仕事のオファーや講座のお申し込みをいただくようになっています。私の世界が、さらなるステージへと好転しているのを感じています。

ある日知ったのですが、初めて一華さんを知った日、朝活に出会った日、講演会に参加した日、そのどの日も私自身の個人開運日にドンピシャの日だったのです！　この出会いが、私には必然のことだったのだと確信し、震える思いがしました。

一華さんとの出会いは、私に教えてくださいました。

「きちんと願うことで、願望は叶う！　誰でもない自分の人生を生きることの大切さ、そして、人生は自分でデザインするもの」

私のようにこのままでも十分だし、これ以上の幸せを望んでもいいのかしら？　と思う方もいらっしゃると思います。しかし、そこに制限はないし、自分自身を信じて諦めないことは、自分を信頼することにつながっていると思います。

自分がいれば、よりステキな世界へと歩みはじめられます。だから私はこれからも見える景色をステキなものにし続けていこうと思います。自分が自分であるために、諦めることなく自分の人生をデザインしていきます。

さらに自分の人生を充実させ、豊かなものにするために、ノートとペンを持って、さあ書きはじめましょう。

ノートに書いたとたんにやりたい仕事が現実に！
――編集者Sの場合

友人にすすめられて一華さんの朝活動画を見るようになり、画面を通しても伝わってくる愛にあふれたお人柄に魅了されました。毎日あれだけの内容を無料で話していらっしゃるのもすごいことだし、見ることで元気をもらっていました。

「お金の義務教育」「お金のイメージ向上委員会」といった動画もよく拝見していましたが、一華さんがおっしゃる「オレンジの人」から今のように変貌を遂げたと知り、動画を遡ってノート術の一連の動画を発見。編集者として、ぜひこれを本にまとめたい！　と思い、一華さんにお声がけさせていただきました。

すぐにご連絡したわけではなく、勇気が出ずちょっと躊躇《ちゅうちょ》していたのですが、朝活動画で他でもない一華さんが、星読みで「今日は新しいことにチャレンジする日、なにかスタートさせるといいですよ」とおっしゃっていたのに背中を押され、思い切ってメールを出しました。

ご縁あって出版が決まり、ご挨拶に伺うと、一華さんはオーラでキラキラ光り輝いていて、直接お会いするだけでエネルギーをいただける、そんな方でした。

まずはノートに写真を貼ってみようと思い、カルティエの時計の写真を貼って眺めていたら、翌日電車で目の前に座っている人が同じ時計をつけているのを発見し、意識したものが目に飛び込んでくることをさっそく実感しました。

その後もやりたい仕事をノートに書いたら、関係者から突然連絡が来たり、好都合な条件が整ったりして、ノート術の効果に驚かされる毎日です。

最初は理解が追いつかない部分もあったのですが、一華さんのご提案でノート術講師の方の講座を実際に受けさせていただきました。ノートを書いていて出てきた疑問にも答えてもらったことで、より分かりやすくなり、腑に落ちていきました。私は聴覚優位型のようなので、実際に講師の方とお話ししたことが効果的だったのかもしれません。

たくさんの方に本書を読んでいただき、一華さんのパワフルな魅力と、心遣いにあふれた優しいお人柄が伝わればいいなと思っております。

一華さんとのタイムリーな出会いに感謝！
——ライターTの場合

私は普段ライターと中国語翻訳者の二足のわらじを履いて、活動しています。好きなことでそこそこ稼げているものの、もっと好きなことを書いてみたいし、名作の翻訳なんかも担当してみたいな、と漠然と思っていたところに、本書構成のお話をいただき、一華さんとのご縁に恵まれました。

あまり考え込まないことをモットーとしている怠け者なので、「目標設定」とか「潜在意識開発」などの分野はどちらかというと苦手なほうでしたが、一方で自分のキャリアに一抹の物足りなさも感じていたので、タイムリーな出会いに感謝しました。

一華さんの軽快な口調とポジティブなオーラには「やってみよう」「いけるかも」と思わせるパワーと説得力があり、あまり気負わずにノート術をスタートできました。

打ち合わせで一華さんにご挨拶をした翌日、なかなか出ない翻訳会社の求人情報が目に入ってきて、「これがレクサス現象か」と驚いたのを覚えています。私の実力ではまだ難しいと思っていた翻訳トライアルにも、合格することができました。

一華さんの動画を毎日のように見て、実際にお会いする機会にも恵まれ、またノート術講師の方に講座を受けさせていただき、一番変わったのはお金に対する考え方だと思います。なぜかこれ以上収入が上がる気がしなかったのですが、理由を掘り下げたところ、「好きな人と好きな仕事だけしているのだから、そのうえ高い報酬を望んではぜいたくだ」と思い込んでいることに気づきました。

今ではむしろ、せっかく好きなことで稼げるなら、「信用や評価が上がる＝収入が上がる」という状態を目指さなければもったいないな、と考えるようになっています。

最初は「大谷翔平を見に行きたい」とか、「いい肉を食べたい」など、小学生みたいな願望で埋め尽くされていた私のノートですが、最近はどうすれば原稿をもっと多くの人に読んでもらえるか、何をすれば語学をもっと生かせるかを考え、その延長線上にアメリカ旅行や高級焼き肉が思い描けるようになっています。自分が望むご機嫌な未来への道筋が、なんとなく見えてきているこの頃です。

おわりに

この度はご縁をいただき、この本を手にしてくださり、本当にありがとうございました。本書でも申し上げましたが、私は20年前女性経営者と運命の出会いをし、たった5分の立ち話で人生を劇的に好転させることができました。

あの5分間がなければと考えると、本当に怖くなるくらいです。今では自分の人生を思うがままにデザインでき、お金にも愛情にも恵まれて、今が一番幸せと思わずつぶやく最高に幸せな人生を生きることができています。この奇跡をみなさんにも味わっていただきたいのです。

女性経営者から伝え聞いたこのメソッドで、私はお金を得て幸せになる人生を歩めるようになりました。そして生きるのが本当に楽になりました。

女性経営者は、

人生で「結果」を出したいなら自分をとことん知ること。変えるのは性格じゃない、「考え方」だけでいい

と言ってくださいました。

このノート術は、彼女の人生好転メソッドの最初の一歩です。この一歩が、私がそうであったように、みなさんの大きな幸せの一歩になりますことを願ってやみません。

人生は何一つ諦めることなんてないのです。人生はあなたの思い通りになります。どんな未来が訪れたら、あなたは幸せですか？

あの日あの時、女性経営者から受け取った人生好転の幸せのバトンを、みなさんにお渡ししましたよ！

さあ、紙とペンをとり、たった一度きりの大切な大切なあなたの人生をお望みのとおりにデザインなさってください。創るのはあなたです！

必ずうまくいきます。ご自分を信じて！

一華五葉

【解説動画QRコード一覧】

QRコードをスマートフォンのカメラで読み込んでいただくと、
各章を解説した動画をご覧いただけます。
パスワードはすべて1111です。

〈第 1 章〉　〈第 2 章〉　〈第 3 章〉

〈第 4 章〉　〈第 5 章〉　〈第 6 章〉

＊各章の扉にも掲載しています。＊動画はとくに消去の予定はございませんが、
有効保証期間は2028年12月までとさせていただきます。

【ご質問はこちらへ】

「稼ぐノート術」について、分からないことなどご質問がございましたら左記フォームよりお寄せください。YouTubeなどでお答えいたします。

一華五葉公式

YouTube　LINE　ホームページ

一華五葉 (いちかごよう)

企業・政治家の鑑定士として20年以上の経験と1万人以上の鑑定実績を持つ。企業鑑定では毎月3000万円以上の赤字会社を黒字転換させた。また、企業の営業職育成に17年間、延べ3600人に関わり、10年間1000万円以上の年収を得た人を多く輩出。さまざまな手法で、関わる人を稼げるようにしたことから「稼がせ屋一華」と呼ばれるようになる。

2020年にフリーランスへ転向し、自らの収入10倍を達成、毎年億超えの安定収入を得ている。「すべての人がお金を得て、最高にハッピーな人生を送る」を信念とし、YouTubeやオンラインサロンで発信、多くの支持を集めている。

2023年8月一般財団法人一華五葉財団を設立、児童養護施設に寄付する活動も行う。

人生好転《じんせいこうてん》　稼《かせ》ぐノート術《じゅつ》

2023年12月 20日　第1刷
2024年 2月 26日　第2刷

著　　者　一華五葉

発 行 者　菊地 克英

発　　行　株式会社 東京ニュース通信社
〒104-6224
東京都中央区晴海1-8-12
電話03-6367-8023

発　　売　株式会社 講談社
〒112-8001
東京都文京区音羽2-12-21
電話03-5395-3606

印刷・製本　株式会社シナノ

装丁・デザイン　西尾 浩　村田 江美
構　　成　高橋 真紀
漫　　画　アトリエmiu
編　　集　佐藤 千秋
校　　閲　みね工房
協　　力　沼田 欣朋　松田 千晴
三浦 真希

ISBN978-4-06-534098-1